HARVARD BUSINESS ESSENTIALS

CRIANDO EQUIPES

HARVARD BUSINESS ESSENTIALS

Outros títulos da série:

Contratando e mantendo as melhores pessoas
Ferramentas para empreendedores
Finanças para gerentes
Gerenciando mudança e transição
Negociação
Gerenciando a crise
Estratégia
Tomando decisões
Gerenciando projetos grandes e pequenos
Criando equipes

HARVARD BUSINESS ESSENTIALS

CRIANDO EQUIPES

UM GUIA COMPLETO PARA FORMAR UMA EQUIPE INFLUENTE E PODEROSA

RICHARD LUECKE

CONSULTORIA DO PROFESSOR DE MBA
JEFFREY POLZER

Tradução
RYTA VINAGRE

Revisão técnica
RICARDO DONINELLI-MENDES

2ª EDIÇÃO

EDITORA RECORD
RIO DE JANEIRO • SÃO PAULO

2010

CIP-BRASIL. CATALOGAÇÃO-NA-FONTE
SINDICATO NACIONAL DOS EDITORES DE LIVROS, RJ

C946 2ª ed.

Criando equipes / [Richard Luecke]; tradução Ryta Magalhães Vinagre. – 2ª ed. – Rio de Janeiro: Record, 2010. -(Harvard business essentials)

Tradução de: Creating teams with an edge
Inclui bibliografia
ISBN 978-85-01-08329-6

1. Grupos de trabalho. 2. Liderança. 3. Administração de pessoal. 4. Sucesso. I. Luecke, Richard. II. Série.

09-3662

CDD: 658.4036
CDU: 65.012.61

Publicado mediante acordo com Harvard School Press

Título original norte-americano:
Creating teams with an edge

Capa: Sérgio Campante

Direitos desta tradução adquiridos pela
EDITORA RECORD LTDA.
Rua Argentina 171 – 20921-380 – Rio de Janeiro, RJ – Tel.: 2585-2000

Impresso no Brasil

Seja um leitor preferencial Record.
Cadastre-se e receba informações sobre nossos lançamentos e nossas promoções.

Atendimento e venda direta ao leitor:
mdireto@record.com.br ou (21) 2585-2002

Impresso no Brasil

2010

Sumário

Introdução

A Equipe Apollo colocou o primeiro homem na Lua. Os primeiros computadores pessoais — Mac e IBM — foram criações de equipes pequenas. Por volta de 1980, a Ford Motor Company foi salva do fracasso pela Equipe Taurus, cujo carro de passeio recém-projetado tornou-se um sucesso na América do Norte.

As equipes são responsáveis por muitas realizações atuais. No mundo dos negócios, elas se tornaram lugar-comum e até ficaram na moda — tanto que algumas pessoas acreditam equivocadamente que a abordagem de equipe aos problemas ou oportunidades é apenas outra mania gerencial. Não é. O trabalho em equipe está longe de ser novo e veio para ficar. Por exemplo, quando o Congresso Continental rebelde dos Estados Unidos decidiu que precisava preparar uma declaração de sua independência da Grã-Bretanha, criou uma equipe para lidar com a tarefa. Esta equipe incluía dois futuros presidentes: John Adams, de Massachusetts, e Thomas Jefferson, um jovem da Virginia com talento de escritor. Benjamin Franklin, da Pensilvânia, editou o texto. Anos depois, quando o então presidente Thomas Jefferson queria conhecer o meio continente que adquirira de Napoleão através da compra da Louisiana, não atribuiu a tarefa a um único indivíduo, a um de seus departamentos de governo ou a uma unidade do Exército. Deu a tarefa a uma equipe de 32 homens, que chamou de Corpo do Descobrimento. Como essa tarefa foi patrocinada, recrutada, organizada e liderada dá um exemplo útil do que as equipes precisam para ter sucesso em qualquer empreendimento.

Como patrocinador do empreendimento, Jefferson colocou a liderança nas mãos de um capitão do Exército em quem tinha uma confiança considerável, um virginiano de 29 anos chamado Meriwether Lewis. Jefferson fez outras duas coisas no início. Primeiro, explicou o que queria: explorar o rio Missouri e saber se seus afluentes levariam ao oceano Pacífico. Encontrar uma rota fluvial por regiões não mapeadas do noroeste seria de valor incalculável para a nova República — reduzindo o custo e os riscos da navegação e permitindo a colonização do território recém-adquirido. Jefferson também queria informações detalhadas sobre as terras que ficavam a oeste do rio Mississípi, sua flora e fauna e as tribos nativas.

Segundo, como patrocinador da equipe, Jefferson levantou o dinheiro e outros recursos de que Lewis precisaria para realizar o trabalho. Ele conseguiu que o Congresso destinasse verba apesar das objeções de muitos opositores, que condenavam o empreendimento como uma ideia imprudente. Jefferson também deu a Lewis autoridade para recrutar as pessoas de que precisava para concluir a missão.

Tendo estabelecido os fins mais elevados da equipe, apoiando-a com recursos, Jefferson deixou os meios a cargo de Lewis. Além de montar a equipe, Lewis escolheu o conjunto de habilidades de que precisaria em sua equipe, as provisões e o equipamento específicos que eles levariam e a rota a ser seguida.

Ao selecionar sua equipe, Lewis reuniu pessoas de habilidades complementares: soldados exploradores que demonstraram desenvoltura e capacidade de viver no meio selvagem; caçadores experientes cujas capacidades de procurar alimento seriam necessárias para suplementar as provisões trazidas do leste; e ribeirinhos familiarizados com a primeira parte da viagem, subindo o Missouri. Lewis também arregimentou um colíder, William Clark, que tinha sua confiança e seu respeito pelo *know-how* em regiões inexploradas, experiência com os índios e qualidades de liderança.

Lewis fortaleceu as próprias capacidades com treinamento especial. Sob a orientação de Jefferson, viajou à Filadélfia, onde passou vários meses aprendendo procedimentos médicos com o Dr. Benjamin Rush. Benjamin Smith Barton, o mais importante naturalista das Américas, ensinou a Lewis os mais recentes métodos científicos de observação da vida animal e vegetal, preservação de espécimes e registro e classificação das descobertas. O líder da equipe também aprendeu a usar um sextante e um cronômetro —

uma habilidade da qual a equipe precisaria para determinar e registrar sua posição ao longo da rota.

Como muitas equipes de sucesso, o Corpo do Descobrimento acrescentou e dispensou membros na medida das circunstâncias. Depois da primeira parte da viagem, por exemplo, os ribeirinhos, que tinham pouco a contribuir a essa altura, foram enviados de volta com espécimes científicos e relatórios do progresso de Lewis a Jefferson. E novas capacidades foram recrutadas à medida que foram necessárias. Reconhecendo sua deficiência em habilidades de linguagem, a equipe recrutou um mascate franco-canadense chamado Charbonneau, que morava na tribo mandan. Charbonneau falava a língua da tribo. Melhor ainda, sua esposa, Sacagawea, uma hidatsa, falava a língua dos povos nativos que o Corpo encontraria ao seguir para o oeste.

A longa viagem dos exploradores até a costa do Pacífico — e de volta — exigia muitas decisões imediatas. Que braço do rio eles seguiriam? Como lidariam com os chefes tribais que encontrassem? Onde e quando deviam se proteger para o longo inverno? Longe de casa e sem comunicação com o patrocinador, a equipe não podia se remeter a uma autoridade superior; tinha de tomar suas próprias decisões. Uma vez que o Corpo era uma unidade militar, seus oficiais, Lewis e Clark, tomavam a maioria das decisões. Mas outras ficavam a cargo de toda a equipe. Em todos os casos, a meta da missão norteava suas decisões.

A viagem do Corpo do Descobrimento é uma história extraordinária de aventura, engenhosidade e esforço orientado para uma meta. Como executivo, é improvável que você viva algo tão dramático ou desafiador, e no entanto certamente ainda ficará cara a cara com situações em que a receita correta será o mesmo tipo de abordagem de equipe.

Até que ponto você está preparado para organizar e liderar um trabalho de equipe? Está familiarizado com as características de uma equipe de sucesso? Como o trabalho de uma equipe deve se adaptar ao trabalho da organização? Você entende o papel dos líderes de equipe, de seus membros e patrocinadores na consecução dos objetivos? O que você deve procurar ao recrutar membros para a equipe?

Estas são apenas algumas perguntas abordadas neste livro. Como outros livros da série Harvard Business Essentials, este não pretende torná-lo um especialista, nem o conduzirá pelo extenso discurso da pesquisa acadêmica relacionada. Em vez disso, dará a você os conselhos de que precisará para ser mais eficaz como patrocinador, líder ou membro de equipe.

O que temos pela frente

Este livro é organizado em oito capítulos. O Capítulo 1 explica os conceitos básicos de como diferem as equipes e os grupos de trabalho tradicionais, os diferentes tipos de equipes usados pelas organizações, os custos e benefícios do trabalho em equipe e como você pode determinar se uma equipe é a melhor abordagem para lidar com uma tarefa.

Se é de uma abordagem de equipe que você precisa, o Capítulo 2 pode levá-lo ao começo. Baseia-se na melhor literatura sobre administração para explicar o que toda equipe deve ter para ser bem-sucedida. Tais qualidades incluem competência, uma meta clara, integrantes comprometidos e colaboradores, uma estrutura permissora, um ambiente organizacional de apoio e alinhamento das metas e recompensas da equipe com as metas organizacionais.

O Capítulo 3 trata da formação da equipe. Introduz o elenco de personagens envolvidos no trabalho de equipe, inclusive o patrocinador, o líder de equipe, seus membros e quaisquer facilitadores; os papéis desses personagens e como escolher os melhores também são examinados aqui. O capítulo conclui com o termo de abertura da equipe, a autorização formal e a missão dada pelo patrocinador à equipe. Na falta de um termo de abertura claro, a equipe pode não entender plenamente o que se espera dela.

Depois de corretamente formada, a equipe precisa começar com o pé direito, tema do Capítulo 4. Este capítulo dá conselhos práticos sobre as muitas coisas que devem ser feitas, e benfeitas, se a equipe quiser ter sucesso. Aqui você encontrará uma discussão da reunião de lançamento, a importância de adotar regras de decisão, como planejar o trabalho, estabelecer normas de comportamento de equipe e muito mais.

É provável que você seja gerente ou supervisor. Se assim for, poderá usar muitas das habilidades que já desenvolveu em seu novo papel de líder de equipe — ou mesmo como membro de equipe. Há muitas oportunidades de planejamento, desenvolvimento e controle de um orçamento, motivação de pessoal e assim por diante — coisas que você já faz todo dia. Mas as equipes também representam alguns desafios únicos para os gerentes, desafios que são abordados no Capítulo 5. Estes incluem os benefícios da identidade de equipe e como pode ser criada, os riscos do *groupthinking* e os papéis singulares que devem ter os líderes da equipe. O líder, como explicamos aqui, não pode agir como chefe; assim fazendo, ele neutralizaria os benefícios únicos que resultam do trabalho de equipe.

Depois de formada a equipe e do início do trabalho para alcançar suas metas, o líder e os membros da equipe devem prestar atenção a como estão operando. O Capítulo 6 examina questões operacionais. Mais especificamente, este capítulo explica como os líderes e membros podem verificar o nível de colaboração e informações compartilhadas e como podem manter as pessoas motivadas. Também examina o papel do aprendizado e o que pode ser feito para garantir que todos estejam aprendendo, com a maior rapidez possível, a trabalhar juntos com eficácia.

O Capítulo 7 trata da equipe virtual — uma equipe cujos membros são geograficamente dispersos. As equipes virtuais possibilitam reunir um grupo mais diversificado de habilidades e interesses do que seria possível de outra forma. Este tipo de equipe pode reunir as habilidades de engenheiros de software em Bombaim e San Jose com um mago do marketing de San Francisco, um parceiro de aliança em Paris e um executivo em Nova York. Uma equipe dos sonhos, não é? Infelizmente, os benefícios das equipes virtuais andam de mãos dadas com desafios gerenciais únicos. Porque raramente se reúnem pessoalmente, essas equipes vivem uma dificuldade maior na formação de identidade de equipe, colaboração nas tarefas e troca de informações.

Tais dificuldades podem ser amenizadas com o bom gerenciamento e a aplicação de tecnologias adequadas. O Capítulo 7 mostrará como.

As equipes trabalham melhor quando seus membros e líderes se comportam como participantes de um time. Nem sempre este é um comportamento natural. É difícil, por exemplo, as pessoas encontrarem um equilíbrio entre seus papéis como indivíduos e participantes da equipe. As pessoas acostumadas a estar no comando também devem encontrar maneiras de agir como colegas. O Capítulo 8 propõe ideias para equilibrar esses diferentes papéis.

Estes oito capítulos contêm o material *essencial* que você precisa para saber ser um líder ou membro de equipe eficaz. Se preferir cavar mais fundo, uma seção intitulada "Leituras recomendadas" contém uma lista comentada de livros e artigos atuais sobre a formação e o gerenciamento de equipes.

Por fim, este livro contém apêndices com diretrizes sobre treinamento de membros de equipe, várias planilhas e listas de verificação úteis, além de um guia para lidar com os problemas que as equipes costumam enfrentar. Cópias das planilhas e listas de verificação podem ser baixadas do site da série Harvard Business Essentials, localizado em *www.elearning.hbsp.org/businesstools*.

O conteúdo deste livro se baseia em vários livros, artigos e publicações on-line da Harvard Business School Publishing — em particular, o módulo Leading Teams de Harvard ManageMentor®, um serviço on-line. Todas as outras fontes são citadas em notas padrão.

1

O conceito de equipe

Entenda isto primeiro

Principais tópicos abordados neste capítulo

- *Como diferem as equipes e grupos de trabalho*
- *Tipos de equipes*
- *Os custos e benefícios das equipes*
- *Como determinar se uma equipe é a melhor opção para lidar com uma tarefa*

AS ORGANIZAÇÕES usam a palavra *equipe* de uma forma frouxa. "Todos fazemos parte da equipe", dirá um chefe a seus funcionários. *Equipe* implica unidade de propósito, colaboração e, para alguns, certa igualdade. E no entanto poucos grupos no local de trabalho podem se qualificar como equipes. É mais frequente que sejam *grupos de trabalho*. Em um grupo de trabalho, cada membro tem a orientação de um gerente ou supervisor, os integrantes não colaboram necessariamente com os outros na conclusão das tarefas. A Figura 1.1 ilustra as relações entre os membros de um grupo de trabalho típico. Nela, cada funcionário faz suas tarefas segundo orientação do gerente. A colaboração acontece entre o gerente e cada funcionário, mas não necessariamente *entre* funcionários. As relações de subordinação existem entre o chefe e os funcionários individualmente.

Muitos departamentos e unidades dentro de departamentos operam segundo o modelo de grupo de trabalho. Nele, cada funcionário responde às diretivas do líder ou gerente do grupo. Cada funcionário faz seu trabalho, em geral com pouca interação com outros membros da unidade. Na realidade, o gerente-líder diz a cada membro do grupo de trabalho: "Esta é a meta de nossa unidade e esta é sua parte nela." Se o desempenho dos integrantes do grupo corresponde às instruções, a meta é alcançada. O chefe toma todas as decisões importantes e integra as várias partes do trabalho, que, num ambiente de equipe, são funções essenciais realizadas pelos próprios integrantes.

Os grupos de trabalho costumam oferecer certas vantagens. A necessidade de coordenação é mínima. E pressupondo-se que (1) todas as habilidades necessárias para alcançar a meta da unidade estejam representadas no grupo, (2) o trabalho foi delegado adequadamente e (3) o gerente-líder sabe tudo o que é preciso para alcançar a meta em comum, tudo deve se sair bem. O grupo de trabalho tradicional, porém, tem vários pontos fracos. É preciso tempo para o gerente reunir todas as informações e a atividade gerada pelos membros do grupo, o que é necessário para tomar decisões. Além disso, investir uma única pessoa de toda a autoridade de tomada de decisões pode ser arriscado.

FIGURA 1.1
Um Grupo de Trabalho

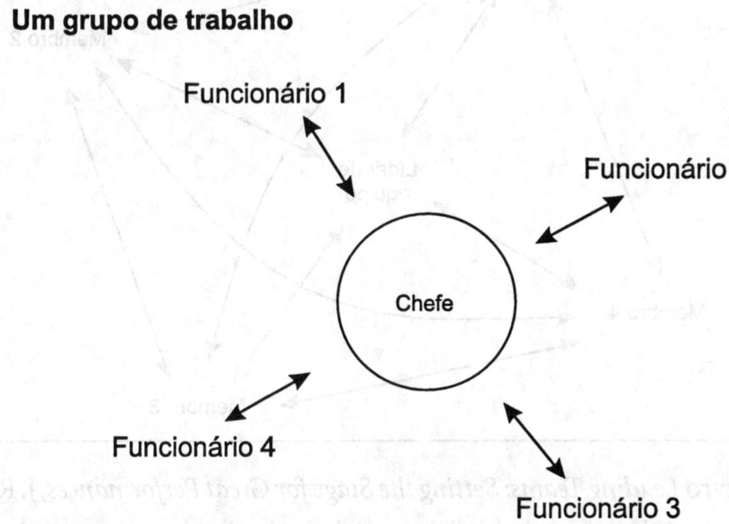

Ao contrário de um grupo de trabalho tradicional, uma equipe é mais do que um conjunto de pessoas que trabalham no mesmo ambiente ou sob a orientação de um gerente. Uma equipe é um pequeno número de pessoas com habilidades complementares que são comprometidas com uma meta comum pela qual se consideram mutuamente responsáveis. Cada membro interage com os outros e com o líder da equipe na realização de sua meta comum, como mostramos na Figura 1.2. Os integrantes dependem de informações dos outros para realizar seu trabalho. Eles se procuram para concluir sua missão e procuram o líder em busca de recursos, treinamento, quando necessário, e uma ligação com o restante da organização. Ao contrário de um grupo de trabalho, cujo gerente tem autoridade para tomar decisões, uma equipe toma decisões que refletem o *know-how* e a experiência de muitas pessoas; isso pode levar a decisões melhores.

FIGURA 1.2
Uma Equipe

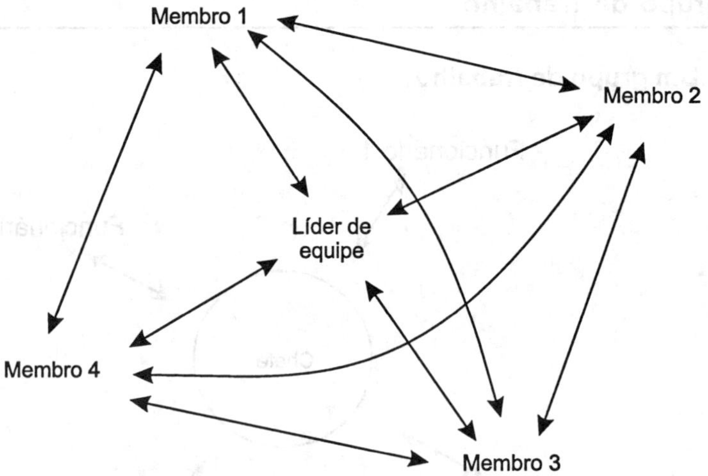

No livro *Leading Teams: Setting the Stage for Great Performances*, J. Richard Hackman conclui que as verdadeiras equipes têm quatro características fundamentais: "Uma tarefa de equipe, limites claros, autoridade claramente especificada para gerenciar o próprio processo de trabalho e estabilidade na função por um período razoável de tempo."[1] Esta não é a definição de um grupo de trabalho. É importante que os gerentes entendam a diferença entre equipes verdadeiras e grupos de trabalho tradicionais, ao menos para evitar o equívoco comum de tratar um grupo de trabalho tradicional como uma equipe e vice-versa. Como observa Hackman: "Se benfeita, qualquer estratégia pode dar bons resultados. O que não é bom é mandar sinais confusos:

usar a retórica das equipes quando o trabalho na verdade é realizado por indivíduos ou supervisionar diretamente cada indivíduo quando o trabalho na verdade é de responsabilidade da equipe."[2]

Observação: Na realidade, muitos grupos de trabalho e equipes não se encaixam nas definições estreitas que propusemos aqui. Na verdade, cada um deles tem algumas características da outra. No sentido prático, estes dois tipos diferentes de unidades de trabalho operam por um contínuo em que a maior parte recai entre os dois extremos.

Por que equipes?

As organizações formam diferentes tipos de equipes para propósitos distintos. Aqui estão alguns:

- As equipes de gerência sênior desenvolvem a filosofia, a política e a direção.
- As forças-tarefa implementam planos específicos para tratar de problemas ou oportunidades.
- Os círculos de qualidade trabalham com qualidade, produtividade e problemas de serviço específicos.
- As equipes de trabalho autogeridas reúnem-se diariamente para realizar todo um processo de trabalho.
- As equipes virtuais unem indivíduos geograficamente separados em torno de tarefas específicas.

Do ponto de vista prático, esses rótulos e suas definições não são muito importantes, e diferentes organizações os usam sem muita disciplina. Dois que valem a pena examinar aqui, porém, são as equipes de trabalho autogeridas e as equipes de projeto. Elas são os principais tipos de equipe utilizados hoje.

Equipes de trabalho autogeridas

Uma *equipe de trabalho autogerida* é um grupo pequeno de pessoas com poder para lidar com determinadas tarefas contínuas. Em muitos casos, a equipe seleciona seu líder e novos membros e pode ter autoridade para dispensar membros que não contribuem ou não correspondem aos padrões da equipe. Considere este exemplo:

> *A produção em uma minissiderúrgica é organizada em equipes autogeridas de oito funcionários. Cada equipe tem suas metas de produção e tem fortes incentivos para cumpri-las ou superá-las. As equipes têm autoridade para entrevistar e contratar novos membros de acordo com as necessidades. Dentro das diretrizes da empresa, os membros também podem demitir integrantes que representem risco, atrasem-se com frequência ou atrapalhem o desempenho da equipe de outras maneiras.*
>
> *Os membros dessas equipes selecionam seus próprios líderes — em geral em forma de rodízio — e trabalham juntos na melhoria de processo e liberação do cronograma. Também determinam quando a manutenção é necessária.*

Este tipo de equipe faz essencialmente o mesmo trabalho diariamente. Seus membros têm discernimento substancial sobre como fazer melhor o trabalho e têm incentivos para estabelecer os melhores procedimentos e continuar melhorando.

Equipes de projeto

Ao contrário das equipes de trabalho autogeridas, uma equipe de projeto é organizada em torno de uma tarefa não rotineira de duração limitada. Esta tarefa pode levar mais ou menos uma semana ou pode consumir um ano ou mais. Quando o trabalho é concluído, a equipe se desfaz. Em geral os projetos longos e grandes, com muitos integrantes, têm ao mesmo tempo um líder de equipe e um gerente de projeto em tempo integral. Considere este exemplo de equipe de projeto:

A Phipps Corporation, uma empresa de comunicação com 270 funcionários, ficou maior do que seu espaço de escritórios e negociou o aluguel de uma instalação maior a várias quadras de distância. A apenas dez meses da mudança, o CEO da Phipps organizou uma equipe de projeto para lidar com todos os detalhes da transferência. A vice-presidente de Recursos Humanos foi nomeada líder pelo CEO e recrutou representantes de todos os departamentos.

A equipe tinha muito o que fazer. Precisava desenvolver um plano para onde cada departamento seria alocado no novo prédio. Também precisava organizar todas as instalações de tecnologia de informação e telefonia, contratar um empreiteiro para fazer pequenas alterações estruturais, contratar uma empresa de mudança e trabalhar com uma empresa de fornecimento de móveis de escritório na seleção dos arranjos das estações de trabalho necessárias para a empresa. Uma vez que não tinha tempo para atividades diárias de equipe, a vice-presidente de RH pediu a um competente gerente de nível médio para, nos meses seguintes, dedicar aproximadamente um terço de seu tempo para manter o projeto nos trilhos.

Depois da mudança, a equipe de projeto foi encerrada.

Você precisa mesmo de uma equipe?

Você realmente precisa de uma equipe para lidar com determinada tarefa? Essa é a melhor maneira de alcançar sua meta? Na maioria dos casos, a resposta é não. A maioria das atividades dentro das organizações é mais bem abordada por meio de processos de trabalho normais ou por pessoas que agem sozinhas. Por exemplo, um gerente de vendas pediu a seu pessoal que estimasse a demanda para um determinado produto em seus territórios. Essa tarefa não é uma função de equipe; é uma tarefa que cada vendedor pode tratar sozinho. Da mesma forma, o processamento de solicitações de empréstimo de rotina em um determinado banco não pede necessariamente uma equipe; um processo bem projetado no departamento de empréstimos fará o trabalho. O fato de que lidar com solicitações de empréstimos seja uma função repetitiva com poucas variações torna-o ideal para um processo de trabalho rápido e eficiente — e não para uma equipe.

As equipes não são necessárias quando as tarefas são simples e rotineiras, não exigem funcionários para coordenar seu trabalho e não requerem uma variedade de experiências ou habilidades. As equipes, porém, em geral são a melhor abordagem quando:

- nenhum indivíduo tem a combinação certa de conhecimento, expertise e perspectiva para a tarefa;
- os indivíduos devem trabalhar juntos com um alto grau de interdependência;
- a meta representa um desafio singular. (Observação: um desafio singular e pouco frequente pode exigir uma equipe de projeto, mas uma equipe de trabalho autogerida costuma lidar com desafios recorrentes, como cumprir cotas de produção.)

Como sua organização lida atualmente com situações com essas características? Se não estiver usando equipes, talvez seja hora de pensar numa abordagem de equipe.

Custos e benefícios

As equipes têm benefícios e custos que diferem daqueles de grupos de trabalho tradicionais. Quando trabalham bem, as equipes têm muitas vantagens:

- Podem produzir soluções criativas.
- A tomada de decisão em grupo gera acordo entre as pessoas que devem implementar as decisões.
- As equipes conseguem pessoas de diferentes funções para colocar suas habilidades a serviço de problemas intratáveis.

- As equipes podem arregimentar mais informações e *know-how*, utilizando as redes de seus muitos integrantes.
- Podem criar uma comunicação e uma colaboração muito melhores na empresa.

Muitas vantagens da equipe de trabalho derivam da sinergia das habilidades e experiências de seus integrantes. Além disso, as equipes tendem a estabelecer novos processos de comunicação que permitem uma solução contínua de problemas. Por fim, muitas pessoas gostam de trabalhar em equipe. É motivador. Consequentemente, elas apresentam seu melhor desempenho num ambiente de equipe.

Tais benefícios, porém, não são gratuitos. A montagem de uma equipe com os componentes certos de liderança, recursos e pessoal consome tempo e deve ser gerenciada com cuidado e habilidade. Ao contrário de uma rotina de trabalho normal "Prepare e esqueça", o esforço e a colaboração de equipe requer cuidados contínuos. Também há um risco maior de os membros da equipe não conseguirem se reunir em torno de uma meta comum ou que as diferenças pessoais ou o egoísmo solapem a colaboração necessária para o sucesso. Até certo ponto, cada empreendimento de equipe é um experimento cujo sucesso não é pré-ordenado.

Tomando decisões de "usar ou não uma equipe"

Como gerente, você pode determinar se uma equipe é a melhor solução ao diagnosticar a tarefa a ser realizada. O professor Jeffrey Polzer, da Harvard Business School, que pesquisou e escreveu extensamente sobre equipes, insiste em que os gerentes considerem três aspectos de uma tarefa ao fazer o diagnóstico: a complexidade, a interdependência e os objetivos da tarefa.[3]

1. **Complexidade da tarefa.** A alta complexidade de tarefas em geral combina com o trabalho baseado em equipe. As características da tarefa associadas com alta complexidade incluem: a necessidade de processar grandes volu-

mes de informação; alta incerteza; muitas subtarefas, cada uma delas exigindo habilidades ou conhecimento especializados; e a ausência de um procedimento padronizado para a conclusão da tarefa.

2. Interdependência da tarefa. Aqui você deve considerar o grau de interdependência entre os diferentes componentes da tarefa. Quanto maior a interdependência, maior a probabilidade de que uma equipe seja a melhor solução. Para Polzer, a tarefa é interdependente se as características do trabalho ditam que ele pode ser concluído pelos esforços combinados de vários indivíduos que trabalham juntos. A alta interdependência entre os funcionários exige a coordenação e a comunicação excepcionais que caracterizam os esforços baseados em equipe. Considere este exemplo:

> *Uma equipe de engenheiros e especialistas em desenho industrial tem a tarefa de desenvolver o interior de uma nova minivan. Dois membros da equipe são especializados em bancos de automóveis; eles dedicaram toda sua carreira a esse único componente do veículo. Dois outros são especializados em ergonomia, com atenção particular à posição do motorista. Outros três membros da equipe trabalham exclusivamente com materiais: carpete do piso, material do painel e revestimento das laterais e do teto, que absorvem os ruídos da rua e proporcionam segurança no caso de impacto. Uma engenheira elétrica entra com um conjunto diferente de habilidades. Sua tarefa é equipar o interior da minivan com iluminação, sistema de som e outros dispositivos de forma ideal. Por fim, o líder — um engenheiro automotivo com muita experiência em projeto e desenvolvimento de novos modelos — completa a equipe. Ele coordena o trabalho da equipe e a liga com a equipe de chassis, responsável pelo envoltório estrutural dentro do qual tomará forma o interior da minivan.*

Neste exemplo, ninguém pode fazer seu trabalho sem a coordenação e a comunicação próximas com os outros membros da equipe — e com a equipe de chassis. A engenheira elétrica, por exemplo, não pode identificar os melhores locais para a luz e os componentes elétricos sem a cooperação dos especialistas em ergonomia e do líder da equipe. Geralmente o alto grau de interdependência no trabalho exige coordenação estreita entre os indivíduos envolvidos. Estes indivíduos dependem muito dos outros na realização da meta comum. Esta é uma característica fundamental dos esforços de equipe e ressalta uma atitude que você deve tomar ao decidir se uma equipe é a melhor maneira de tratar de uma tarefa ou problema: *determinar o grau de integração de diferentes componentes de uma tarefa.* Um alto grau de integração em geral requer um esforço de equipe.

3. **Objetivos da tarefa.** Polzer identificou os objetivos da tarefa como a terceira dimensão crítica que você deve analisar antes de optar por uma abordagem de equipe ou de não equipe. Para que um esforço de equipe de projeto dê certo, a tarefa deve ter um ou mais objetivos claros e de prazo limitado. O desafio do presidente John F. Kennedy para a Nasa — colocar um homem na Lua e trazê-lo de volta em segurança no prazo de dez anos — se encaixa nessa descrição. Se os objetivos puderem ser articulados dessa maneira, um esforço de equipe pode ser a melhor abordagem. A realização desses objetivos só entra na equação depois. Se o líder ou gerente não pode dar objetivos claros e de prazo limitado, as rotinas normais de trabalho podem ser mais adequadas para a tarefa.

Considere essas três dimensões de tarefa e sua decisão de "usar ou não uma equipe" será muito melhor.

Resumo

- A maior parte do trabalho organizacional é abordada por meio de grupos de trabalho ou de vários tipos de equipes. Em um grupo de trabalho tradicional, os membros são dirigidos por um gerente ou supervisor em comum e não colaboram necessariamente uns com os outros na conclusão das tarefas. Uma equipe, por outro lado, é um número pequeno de indivíduos com habilidades complementares que estão comprometidos com uma meta em comum pela qual se consideram mutuamente responsáveis. Aqui é necessário um alto nível de colaboração.

- Os dois principais tipos de equipes usados hoje são as equipes de trabalho autogeridas e as equipes de projeto. Uma equipe de trabalho autogerida é um pequeno grupo de pessoas com poder para lidar com uma determinada tarefa contínua. Uma equipe de projeto, por outro lado, é organizada em torno de uma tarefa não rotineira de duração limitada. Quando a tarefa é concluída, a equipe se desfaz.
- As equipes não são necessárias quando as tarefas são simples e rotineiras, não exigem funcionários para coordenar seu trabalho e não requerem uma variedade de experiências ou habilidades.
- As equipes, em geral, são a melhor abordagem quando ninguém tem a combinação certa de conhecimento, expertise e perspectiva para a tarefa; quando os indivíduos devem trabalhar juntos com um alto grau de interdependência; e quando a meta representa um desafio singular.
- As equipes têm muitas vantagens. Porém sua organização consome tempo e elas devem ser gerenciadas com cuidado e habilidade.
- Ao tomar a decisão "de usar ou não uma equipe", considere estas três dimensões da tarefa em questão: complexidade, interdependência e objetivos.

2

A base para uma equipe eficaz

Os fundamentos do sucesso

Principais tópicos abordados neste capítulo

- *A importância da competência, de todos levarem algo necessário à equipe*
- *Por que cada equipe precisa de uma meta clara e métrica de desempenho associada*
- *Por que o compromisso com a meta comum é essencial*
- *Por que cada membro deve contribuir e cada membro deve se beneficiar*
- *Como uma estrutura e um ambiente de apoio estimulam o sucesso*
- *Por que as metas da equipe devem estar alinhadas com as principais metas da organização*

SE A ANÁLISE DE SUA situação confirma que uma equipe é a melhor maneira de abordar sua meta, você provavelmente estará ansioso por selecionar os membros da equipe e colocá-la em marcha. Resista um pouco a este impulso. Reserve algum tempo para considerar o que sua equipe precisará para ser mais eficaz.

Nos últimos vinte anos, acadêmicos e consultores têm estudado as equipes e seu desempenho com muita intensidade. Consequentemente, há um vasto corpo de literatura sobre o tema e um consenso substancial sobre as características de uma equipe eficaz. Este capítulo examina estas características.

Observação: as características fundamentais relacionadas aqui são amplamente baseadas em duas linhas importantes de pensamento sobre equipes. A competência e o compromisso com uma meta comum refletem o trabalho de Jon R. Katzenbach e Douglas K. Smith, cujo popular livro *The Wisdom of Teams: Creating the High-Performance Organization* foi lançado em 1993.[1] J. Richard Hackman é a fonte de outras duas características essenciais do sucesso das equipes: uma estrutura de capacitação e um ambiente de apoio. *Leading Teams*, de Hackman, foi lançado em 2002.[2] Para outras ideias importantes sobre equipes e seu gerenciamento, ver a lista de livros e artigos na seção "Leituras recomendadas" no final deste livro.

Competência

Para ter sucesso, a equipe deve ter todo o talento, conhecimento, influência organizacional, experiência e *know-how* técnico necessários para realizar a tarefa. Uma equipe eficaz é composta de pessoas que levam coletivamente todas as competências essenciais ao esforço. Qualquer ponto fraco ou competência ausente coloca em risco a meta da equipe. Nesses casos, as equipes devem fortalecer os pontos fracos ou recrutar para preencher as competências ausentes — algo que as equipes de sucesso aprendem a fazer à medida que progridem.

Algumas empresas cometem o erro de basear sua formação em títulos formais ou cargos organizacionais. Alguns vão sugerir "Você deixará Susan com raiva (ou com inveja) se não colocá-la em sua equipe" ou "Simon é o gerente nacional de vendas, então cuide de incluí-lo na equipe". Infelizmente, a possível raiva de Susan e o título de Simon não são bons motivos para colocar qualquer um deles na equipe. Como líder de equipe, sua atribuição é atingir determinada meta: projetar a nova linha de produtos em dez meses ou reduzir o custo anual de produção em US$1 milhão por ano. A frustração de Susan não é sua principal consideração. Da mesma forma, Simon pode ter competências técnicas e organizacionais extremamente importantes, mas se seus deveres como gerente nacional de vendas implicam que ele deve viajar na maior parte do tempo, tais habilidades não farão muito por sua equipe. Você precisa de pessoas que possam trazer competências críticas que sejam aplicadas ao esforço.

Como questão prática, o conselho dado aqui pode precisar ser temperado pela realidade política da organização. Por exemplo, a boa vontade de Susan pode ser extremamente importante se ela tiver condições de obstruir o progresso da equipe. Torná-la membro pode ter o efeito de conseguir que ela adote os objetivos da equipe, neutralizando assim o perigo que pode representar.

Meta comum e clara — com métrica de desempenho

Você já fez parte de uma equipe ou grupo de projeto que não tinha uma ideia clara de seu propósito? Se fez, provavelmente entende por que grupos assim raras vezes têm sucesso. É quase impossível ser bem-sucedido quando os membros da equipe não conseguem articular uma meta clara e comum. A situação é ainda pior quando os executivos que patrocinam e criam equipes não têm clareza ou certeza do que querem fazer.

Uma maneira de testar a clareza e a comunhão da meta é experimentar o teste "da conversa de elevador". Cada membro de equipe é posto de lado e responde à seguinte pergunta: Se você estivesse num elevador entre o primeiro e o segundo andares com seu CEO e ele lhe perguntasse o que sua equipe estava fazendo, o que você diria? Todos na equipe devem poder explicar a meta da equipe com clareza e de forma sucinta ao CEO — ou a qualquer estranho inteligente. Aqui estão duas declarações que passam no teste da conversa de elevador:

- "Estamos reprojetando nosso site com três objetivos em mente: torná-lo capaz de acomodar cada um de nossos diferentes grupos de produto, fazer com que a atualização e a expansão do site sejam mais rápidas e menos dispendiosas e melhorar a experiência do cliente."
- "Nossa equipe está fazendo a reengenharia de todo o processo de atendimento aos clientes. Se tivermos sucesso, 95% das chamadas de clientes caberão a um único representante de atendimento e 80% de todas as chamadas serão resolvidas em até três minutos."

Será que todos em sua equipe podem articular a meta comum com esse grau de simplicidade e clareza? A articulação da meta por todos seria a mesma? Se disse não a uma das perguntas, você tem um problema. Procure tratar desse problema como um grupo. Como explicaremos mais tarde, uma meta de equipe em geral é abordada pela alta gerência, que vê um problema ou oportunidade e quer lidar com ele. O ideal é que a gerência identifique o fim mas deixe os meios para a equipe. Ainda assim, os membros da equipe devem compartilhar uma compreensão da meta. Caso contrário, seguirão direções diferentes, dissipando energia e recursos. O conflito e as brigas estão garantidos desta forma.

Depois de chegarem a uma compreensão comum da meta, os membros da equipe, em consonância com a gerência, devem especificá-la em termos de métrica de desempenho. No exemplo da reengenharia de atendimento aos clientes, a equipe especificou a meta como se segue: "Noventa e cinco por cento das chamadas de clientes serão tratadas por um único representante de serviços e 80% de todas as chamadas serão resolvidas em até três minutos." Métricas semelhantes não só especificam a meta mais completamente, como também proporcionam uma maneira de avaliar o progresso para a conclusão da meta. Por exemplo, esta equipe pode ter estabelecido marcos intermediários como estes:

- Em seis meses, 50% das chamadas de clientes serão tratadas por um representante.
- Em nove meses, 75% das chamadas de clientes serão tratadas por um representante.
- Em 12 meses, 95% das chamadas de clientes serão tratadas por um representante.

Uma equipe sem métrica de desempenho não pode determinar se foi bem-sucedida.

Compromisso com uma meta comum

Uma compreensão partilhada da meta é extremamente importante, mas as equipes verdadeiramente eficazes vão um passo adiante. Seus integrantes estão comprometidos com a meta. Há uma grande diferença entre compreender e se comprometer. A compreensão pressupõe que as pessoas sabem a direção em que devem trabalhar; o compromisso é uma qualidade fundamental que os motiva a fazer o trabalho e continuar trabalhando quando as coisas ficam difíceis.

Poucas equipes enfrentaram condições mais rigorosas do que a equipe de exploradores liderada por Lewis e Clark. Cada membro compreendia a meta — seguir o rio Missouri até sua nascente, depois descobrir uma rota para o Pacífico. A compreensão da meta era a parte fácil. A parte difícil era construir e remar uma barcaça pesada contra a forte correnteza do Missouri por dias a fio, lidando com nuvens de mosquitos famintos no verão e temperaturas abaixo de zero no inverno, trilhar uma gama imprevista de escarpas montanhosas, enfrentar nativos hostis, quase passar fome e encontrar a vontade de continuar dia após dia. A maioria das pessoas teria dado as costas depois do primeiro mês. Desistir teria sido fácil — e até natural. Mas os membros do Corpo do Descobrimento persistiram porque estavam comprometidos com sua meta, que entendiam ser importante para seus líderes, para o presidente e para a jovem nação que ficou atrás deles. Um compromisso profundo com a meta proporcionou a energia e a coragem de que precisavam para se manter no curso e continuar avançando.

Como esse exemplo deve deixar claro, o compromisso é uma função do propósito convincente. As pessoas devem considerar a meta de sua equipe muito importante e digna do esforço. Na ausência de um propósito convincente, os integrantes não subordinarão as metas pessoais à meta da equipe. Eles não se identificarão com a equipe ou com o seu propósito.

O compromisso também é função da propriedade da meta e da responsabilidade mútua. Considere o seguinte exemplo:

Vários indivíduos de diferentes áreas funcionais de uma empresa se reuniram para resolver um problema crítico: a empresa está perdendo clientes para uma rival que fornece o mesmo serviço a um preço de mercado mais baixo. O preço mais baixo é uma função da maior eficiência da rival no fornecimento do serviço. A única solução é encontrar uma maneira de atender aos clientes com um valor maior: um preço mais baixo, serviços mensuravelmente melhores ou uma combinação das duas coisas.

Cada membro da equipe compreende a importância da meta. Seu futuro econômico e o de seus colegas depende de seu sucesso. E como a gerência não lhes disse como devem atingir a meta, eles têm um senso de propriedade pelo esforço e pelo resultado — e se consideram, individualmente, responsáveis por este resultado.

Isso é compromisso. Não confunda compromisso compartilhado com compatibilidade social. É menos importante que as pessoas se entendam do que o fato de que estejam dispostas a trabalhar juntas para realizar as coisas. Ter um propósito que todos considerem importante pode superar incompatibilidades sociais.

Você pode reconhecer o compromisso compartilhado no vocabulário usado pelos membros da equipe. Quando as pessoas usam *nós*, *conosco* e *nosso* em vez de *eu*, *você* e *eles*, o compromisso da equipe está no ar. Declarações como estas sugerem um verdadeiro trabalho em equipe:

- "*Nós* estamos fazendo um bom progresso, mas cada um de *nós* deve acelerar o ritmo."
- "Onde *nós* estamos com relação a *nosso* cronograma?"
- "*Nosso* plano está na fase de formação."
- "*Nos* dê três meses e acesso a dados do cliente e *nós vamos* desenvolver um plano viável."

Lidando com o membro não comprometido, mas essencial

Num mundo ideal, cada membro de equipe contribuiria com uma habilidade essencial e cada um estaria plenamente comprometido com o objetivo da equipe. Mas nosso mundo não é ideal. Você pode encontrar esta situação: um indivíduo é designado por um gerente sênior para sua equipe porque tem uma habilidade única sem a qual a equipe provavelmente vai fracassar, mas você acha que ele não está comprometido com o fim que buscam. Por exemplo, esse indivíduo pode se ressentir de ser afastado do que vê como um trabalho mais importante. Como você deve lidar com essa pessoa, pressupondo que ninguém mais na organização tenha a habilidade especial? Aqui estão algumas sugestões:

- Tenha uma conversa franca com ela, em que você demonstre como a meta de equipe contribui para a principal meta da empresa.
- Explique como ela se beneficiará com a participação na equipe (ver a próxima seção).
- Se tudo isso falhar, arregimente o patrocinador executivo da equipe — ou o chefe dessa pessoa — que pode ter mais sucesso do que você para convencer o integrante não comprometido de que seu trabalho é apoiar a meta da empresa mediante participação na equipe.

Para conselhos sobre outros problemas relacionados com a equipe, ver o "Guia de solução de problemas com equipes" no Apêndice C.

Será mais fácil alcançar o compromisso com uma meta comum se o número de membros da equipe for pequeno. Isso parece racional. Os militares, entre outros, há muito reconheceram a importância da "coesão de pequenos grupos" na geração de compromisso individual, tanto com a unidade como com suas metas. Os soldados reclamarão interminavelmente da "porcaria do Exército", mas em geral arriscam a vida e a integridade física pelo bem-estar de seu pelotão de infantaria e seus membros. Por esse motivo, alguns especialistas em equipe recomendam que a equipe não tenha mais de dez integrantes, e é melhor usar um número menor, se todas as competências corretas estiverem representadas.

O compromisso também é aprimorado por meio de recompensas. Se as pessoas entendem que promoções, bonificações ou aumentos de pagamento estão associados com seu sucesso na realização da meta da equipe, seu compromisso aumentará. Se elas entenderem que o chefe receberá o crédito e o grosso da recompensa financeira, seu compromisso irá evaporar.

Cada membro contribui — Cada membro se beneficia

Já participou de uma equipe de remo? Em caso afirmativo, você sabe que cada membro da equipe deve impelir seu remo com a mesma intensidade e no mesmo ritmo dos demais. Não há espaço para preguiçosos ou pessoas que não mantêm o ritmo. As equipes de trabalho são muito parecidas. Seu desempenho depende da contribuição de todos — impelindo para a meta. Cada membro que simplesmente aparece nas reuniões para dar suas opiniões, mas não trabalha, prejudica o desempenho e desmoraliza os colegas ativos. Se a participação na equipe tem algum valor, deve ser conquistada por meio de trabalho real. Em outras palavras, os que pegam carona — integrantes que obtêm os benefícios da equipe sem fazer sua parte — não podem ser tolerados.

Não queremos dizer com isso que cada membro deva dedicar a mesma quantidade de tempo às atividades da equipe. Um gerente sênior, por exemplo, pode ser um membro regular de equipe, embora grande parte de sua atenção deva ser orientada para outros deveres. Essa pessoa pode contribuir garantindo recursos ou formando apoio para a equipe dentro da organização. Embora seja possível que algumas pessoas não vejam tal contribuição como trabalho real, ela é importante para o esforço da equipe.

O líder de equipe também deve fazer trabalho real — inclusive uma parte das tarefas menos agradáveis. Ele não pode ser membro de equipe *e* se comportar como um chefe tradicional, delegando todo o trabalho aos outros. Assim, há certo elemento de ambiguidade no papel do líder de equipe, que deve vestir a capa da liderança em determinados momentos e a capa de integrante no resto do tempo. Destes papéis, o de liderança tende a ser mais importante e é trabalho real.

E assim como cada membro pode contribuir para o trabalho da equipe, cada um deles deve receber benefícios claros. Os benefícios podem assumir muitas formas: a recompensa emocional/psicológica de fazer um trabalho interessante e significativo, uma experiência de aprendizado que futuramente dará dividendos na carreira ou dinheiro extra no contracheque. Na ausência de benefícios claros, as pessoas não contribuirão em alto nível — pelo menos, não por muito tempo; os benefícios que extraem de suas tarefas regulares absorverão sua atenção e tornarão secundários os deveres da equipe.

Um ambiente de apoio

Nenhuma equipe de negócios opera em um vácuo. Uma equipe é uma pequena organização incrustada no ambiente maior de unidades operacionais e departamentos funcionais. Depende, em um ou outro grau, de suas relações organizacionais para obter recursos, informações e assistência. O grau de apoio dado pelas unidades operacionais ou departamentos, sua indiferença ou hostilidade para com a equipe e suas metas tendem a ter impacto sobre a eficácia da equipe. Em particular, quem forma a equipe precisa considerar estes fatores ambientais:

- **Apoio da liderança.** O apoio de cima é essencial. Garante recursos e ajuda a recrutar o pessoal correto. O apoio da liderança também dá proteção de gerentes poderosos e departamentos que por um ou outro motivo seriam inclinados a torpedear os esforços da equipe.

- **Uma estrutura não hierárquica.** É mais provável que o trabalho em equipe seja bem-sucedido se a organização não obedecer a uma estrutura hierárquica rígida. Por quê? Porque uma estrutura não hierárquica cria hábitos que conduzem ao trabalho em equipe: especificamente, uma disposição de partilhar informações, colaboração ao longo de fronteiras organizacionais e "empoderamento" do funcionário. Esses hábitos são fracos ou ausentes em organizações onde os chefes fazem todo o trabalho de raciocínio e orientação e todos os outros seguem as ordens. Essas organizações não estão preparadas para as equipes.
- **Sistemas adequados de recompensa.** As empresas que são novas no trabalho em equipe precisam examinar seus sistemas de recompensa antes de lançar suas equipes; elas devem encontrar um equilíbrio diferente nas recompensas para o sucesso individual e de equipe. Este é um dos desafios mais assustadores que enfrentam os patrocinadores de equipes.
- **Experiência com o trabalho de equipe.** As equipes se beneficiam quando suas empresas e integrantes têm muita experiência com o trabalho de equipe. A experiência fornece *insights* sobre o que funciona ou não, como se organizar melhor em torno de uma meta, como colaborar e como alterar a equipe em diferentes pontos de seu ciclo de vida. Muitas empresas que dependem do trabalho em equipe fornecem treinamento sobre métodos de equipe, e por um bom motivo. As pessoas devem ser treinadas no trabalho em equipe. Especificamente, elas precisam de ajuda em habilidades como ouvir, comunicar-se com diferentes tipos de gente, colaborar com pessoal de fora de seus departamentos e permanecer focalizados na tarefa comum.

O quanto sua organização apoia o trabalho em equipe? Ela está preparada (por treinamento e experiência) para atacar problemas ou oportunidades usando as equipes?

Alinhamento

O alinhamento é nosso último item da lista de fundamentos para a eficácia da equipe. Alinhamento refere-se à coordenação de planos, esforço e recompensas com as metas mais elevadas da organização. Em uma organização alinhada, todos entendem as metas da empresa e as metas de sua unidade operacional. Em uma organização alinhada, as pessoas trabalham na direção certa — e o sistema de recompensas as estimula a agir dessa maneira.

As equipes também precisam de alinhamento. Uma equipe não deve sequer existir a não ser que represente a melhor maneira de ajudar a organização a atingir suas metas. Assim, as metas da equipe devem estar alinhadas com as metas organizacionais, e as metas de cada membro devem estar alinhadas, por intermédio da equipe, com as metas mais elevadas da organização. E os esforços de todos devem estar alinhados por meio do sistema de recompensas. Essa última questão é muito importante e começa no topo, com o patrocinador. Uma vez que o patrocinador é responsável pelo sucesso da equipe, parte de sua remuneração deve estar ligada ao desempenho da equipe. Descendo pela linha, o líder de equipe e seus membros devem da mesma forma ver sua remuneração afetada pelos resultados da equipe. A Figura 2.1 ilustra os níveis integrados de alinhamento entre trabalho, meta e recompensa.

O alinhamento consegue que todos andem na mesma direção — a direção correta.

Resumo

- A competência é um ingrediente fundamental da eficácia da equipe. Uma equipe eficaz é composta de pessoas que colaboram coletivamente com as competências críticas para o esforço. As competências ausentes devem ser recrutadas ou desenvolvidas internamente.

FIGURA 2.1
Alinhamento da Equipe

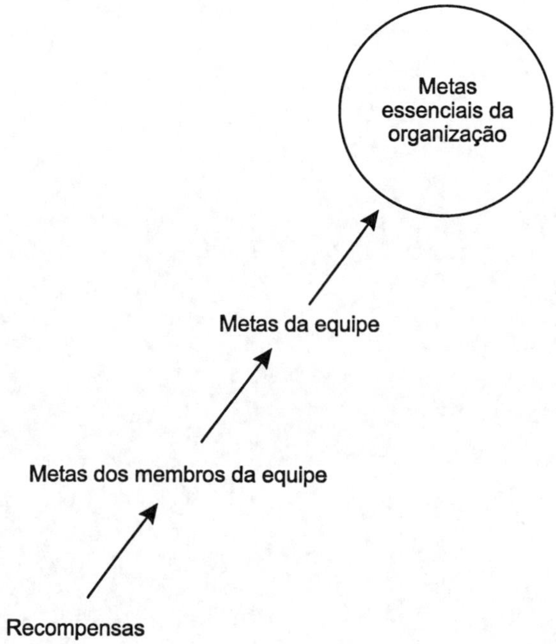

- O compromisso com a meta é outro ingrediente fundamental do sucesso da equipe. Você pode garantir compromisso orientando as equipes para metas convincentes e coisas que realmente importam para a organização, mantendo as equipes com no máximo dez integrantes e alinhando o trabalho da equipe com recompensas tangíveis.
- Cada membro deve contribuir e cada membro deve receber benefícios.
- Certifique-se de que a estrutura da organização seja compatível com o trabalho em equipe e que isso estimule o sucesso.
- Alinhe as metas da equipe com as metas organizacionais.

3

A formação da equipe

A tripulação e seu termo de abertura

Principais tópicos abordados neste capítulo

- *Patrocinador, líderes e suas funções*
- *A seleção dos membros da equipe*
- *A importância de um termo de abertura da equipe*

AS EQUIPES SÃO formadas de várias maneiras. Em muitos casos, as pessoas que trabalham em um problema em comum organizam-se sozinhas. Em outros, um executivo ou gerente organizará uma equipe em torno da necessidade percebida. Considere este exemplo:

Como presidente do conselho de uma organização de desenvolvimento comunitário, Mel estava insatisfeito com a qualidade e a consistência dos press releases e boletins periódicos que descreviam as atividades e visões da organização. Até então, os membros do conselho, individualmente, e o diretor do programa tinham escrito cartas ao editor do jornal local e lançado press releases para comunicar suas opiniões ou atividades do grupo. Os resultados eram tão ao acaso quanto a abordagem. Mel sabia que era necessária uma estratégia de comunicação consistente e unificada. "Para ter sucesso como organização", disse ele ao conselho, "temos de informar a comunidade de negócios local, os possíveis voluntários e contribuintes sobre nossa missão e sobre o que estamos fazendo para melhorar a economia da cidade. Em minha opinião, isso se traduz em um boletim mensal, press releases de qualidade profissional, anúncios sobre eventos e editoriais no jornal que se voltem para nossas questões". Os membros do conselho assentiram.

Por insistência de Mel, várias pessoas se apresentaram para formar voluntariamente uma equipe de comunicação. Juntos, os membros da equipe representavam os diferentes níveis da organização e os diferentes matizes de opinião do conselho. Tais pessoas concordaram em se reunir, formar uma equipe, selecionar um líder e desenvolver e executar uma estratégia de comunicação.

Mel gostou da ideia e apreciou a iniciativa deles. "E se vocês concordarem", disse-lhes ele, "perguntarei a minha amiga Helen La Tour se ela estaria disposta a dar alguma ajuda. Ela tem muita experiência em jornal e desenvolveu boletins para várias organizações". Os membros da equipe voluntária concordaram que Helen podia facilitar o esforço. "Começaremos a nos reunir na semana que vem", disse um deles, "e faremos um relatório ao conselho no mês que vem com uma estratégia de comunicação".

Esse exemplo ilustra como algumas equipes são formadas e os típicos personagens que nela se envolvem, incluindo um patrocinador (Mel), um líder de equipe (a ser determinado), integrantes (os voluntários) e, em alguns casos, um facilitador (Helen). Vamos examinar esse elenco em maiores detalhes.

O patrocinador da equipe

Sempre que é formada por um gerente ou por um grupo de funcionários, uma equipe deve ter um patrocinador. Como descreveu Michael Wachter em *8 Lises of Teamwork*, "nenhuma equipe deve ser formada sem um patrocinador executivo comprometido com o seu sucesso".[1] Esse patrocinador deve ser um gerente ou executivo que tenha interesse real no resultado e que seja responsável pelo desempenho da equipe. O patrocinador também deve ter autoridade para definir o escopo do trabalho, fornecer os recursos necessários e aprovar ou rejeitar o que a equipe produzir. No exemplo que abre este capítulo, Mel reconhecia a importância de uma estratégia consistente e unificada de comunicação com os acionistas e o público. Como presidente do conselho da organização, ele tinha um interesse claro nos resultados produzidos pela equipe e em sua estratégia e autoridade para definir e criticar construtivamente o escopo do trabalho da equipe de comunicações.

Nas grandes organizações, o patrocinador também age como patrono, provedor de recursos, protetor contra sabotadores internos e motivador. Os autores de um livro sobre projetos de inovação radical observaram, em cada um de dez casos que estudaram, que um patrocinador altamente situado, ou patrono, era fundamental para prover esses serviços críticos.[2] Os patrocinadores mantêm o projeto vivo fornecendo fundos — às vezes pelos canais normais, às vezes por baixo dos panos —, afastando tentativas de encerrá-los e promovendo o valor de metas de projeto com a alta gerência.

O patrocinador também deve defender as metas da equipe com o nível mais alto, lembrando à liderança como o sucesso da equipe contribuirá para o sucesso da organização. O alinhamento das metas da equipe com as metas organizacionais torna essa tarefa mais fácil. E, como explicamos antes, o patrocinador deve proteger a equipe de inimigos de alto nível que consideram suas atividades uma ameaça à sua gleba. Essa proteção é particularmente crítica quando uma equipe tenta desenvolver produtos ou tecnologias que, se bem-sucedidas, canibalizarão as vendas de produtos concorrentes ou os tornarão obsoletos. Nestes casos, executivos poderosos que representam as linhas de produto atuais provavelmente serão hostis às metas da equipe e podem usar seu poder para retirar financiamento ou desacreditar o trabalho da equipe. Aqui é sensato lembrar o alerta de Maquiavel a todos que tentam alterar o *status quo*: "Nada é de realização mais difícil, ou de sucesso mais duvidoso, ou de abordagem mais perigosa, do que iniciar uma nova ordem das coisas. Pois o reformador tem inimigos em todos os que lucram com a velha ordem."[3]

Sua equipe tem um patrocinador influente? Se tiver, esse patrocinador está agindo como um verdadeiro defensor, provendo recursos e afastando sabotadores internos?

Lista de afazeres do patrocinador de equipe

- Garanta que o progresso da equipe seja comunicado ao resto da organização e, em particular, à liderança.
- Garanta que a gerência sênior apoie as decisões e a orientação da equipe.
- Esteja atento a qualquer mudança nos objetivos da empresa que possam afetar o termo de abertura da equipe.
- Lembre-se de que alguns gerentes não vão querer que seus subordinados dividam seu tempo entre os deveres da equipe e suas atribuições regulares. Trabalhe com esses gerentes para atenuar tais dificuldades.

Se você é um executivo sênior, pense nas pessoas que selecionará como patrocinadoras. Estariam elas realmente comprometidas com o sucesso da equipe? Agiriam elas como defensores da equipe ou só automaticamente? Você organizou as coisas de modo que tenham interesse pessoal no sucesso ou no fracasso da equipe?

O líder de equipe

Toda equipe precisa de um líder. Em muitos aspectos, o trabalho do líder de equipe é semelhante ao do gerente tradicional. Ambos são encarregados de obter resultados por intermédio de pessoal e outros recursos. E, como o gerente tradicional, o líder de equipe também deve fazer o que se segue: prover uma estrutura para as atividades da equipe, manter a visão clara, coordenar atividades, representar a equipe perante terceiros, negociar com o patrocinador, mediar conflitos, identificar recursos necessários, estabelecer marcos, garantir que todos contribuam e se beneficiem e manter o trabalho nos trilhos. Não parecem os deveres típicos de um gerente?

Mas é aqui que terminam as semelhanças. Os gerentes tradicionais assumem o papel de agente de decisão, delegador, diretor e programador do trabalho dos outros. Esses papéis não funcionam bem em equipes. O líder de equipe não pode agir como o chefe e ainda obter os benefícios da equipe. Em vez disso, um líder de equipe adota três novos papéis: iniciador, modelo e *choach*. Ele deve também pôr mãos à obra como integrante que trabalha.

Quais são as características de uma pessoa que pode fazer a maior parte dessas coisas ou todas elas? Para começar, o líder de equipe deve ter habilidades de liderança tradicionais: a capacidade de estabelecer uma direção que os outros seguirão, boas habilidades de comunicação, a capacidade de dar e aceitar *feedback* e altos padrões de desempenho. Além disso, o potencial líder de equipe deve ter uma atitude positiva em relação ao trabalho em equipe — e de preferência ter experiência nela. A última pessoa que você gostaria que preenchesse o cargo seria alguém que insistisse em agir como um chefe tradicional.

A escolha do líder

O patrocinador pode designar um líder de equipe se a equipe tiver vida curta, se houver necessidade imediata de uma equipe (como em uma situação de crise) ou se houver um motivo organizacional para que determinada pessoa seja líder de equipe. Em outras circunstâncias, a equipe deve escolher seu próprio líder.

Um ou vários líderes?

Em geral pensamos que um único líder formal é necessário para qualquer unidade em particular. Investir uma única pessoa de liderança garante que a autoridade tenha uma voz indivisa. Como, afinal, uma equipe conseguiria realizar coisas se tivesse dois líderes em disputa? Que direção as pessoas deverão seguir?

A experiência de equipes indica que investir uma única pessoa de liderança não é uma necessidade absoluta, desde que haja concordância entre os líderes sobre os meios e os fins. O sucesso de Meriwether Lewis e seu colíder escolhido a dedo, William Clark, na liderança do Corpo do Descobrimento pelo oeste selvagem e desconhecido do rio Mississípi atesta o valor potencial de conferir liderança a duas pessoas ou mais. Os dois homens tinham servido juntos no Exército (Clark era oficial comandante de Lewis) e desfrutavam de confiança e respeito mútuos. E cada um deles levou importantes habilidades complementares ao empreendimento. Como descreveu o historiador Bernard DeVoto:

> *Lewis era o pensador diplomata e comercial, Clark era o negociador. Lewis, que foi especialmente à Filadélfia para receber formação em botânica, zoologia e navegação celeste, era o especialista em ciências; Clark era o engenheiro e geógrafo, assim como mestre no ofício do desbravamento. Ambos eram navegadores fluviais experientes, mas Lewis reconhecia que Clark tinha uma habilidade maior e em geral deixava a administração dos barcos a ele. Clark evidentemente tinha um dom maior para lidar com os índios.*[4]

Seus temperamentos também eram complementares. Para DeVoto, Lewis era inconstante e introvertido, enquanto seu colíder era de gênio tranquilo e extrovertido. O que faltava em um homem, o outro supria.

Nem toda equipe se beneficiará de múltiplos líderes, mas algumas, sim. Assegure-se de que os líderes tenham a meta e sua importância como um só pensamento.

Devido a sua nomeação, o líder de equipe desfruta de autoridade formal. Mas uma equipe também precisa de liderança dentro das fileiras e em diferentes níveis. Por exemplo, vários membros de equipe podem ser designados para desenvolver e testar o protótipo de um novo produto. A liderança é necessária nesta "equipe dentro da equipe" para coordenar o esforço, comunicar-se com os outros e garantir os recursos necessários. Quem age como líder desse grupo *ad hoc* não terá autoridade formal, mas dele se exigirá que faça o que fazem os líderes.

Lista de tarefas dos líderes de equipes

- Comunicar regularmente os progressos e problemas com o patrocinador.
- Avaliar periodicamente o progresso da equipe, a perspectiva dos membros e como cada membro percebe sua contribuição.
- Garantir que todos contribuam e sejam ouvidos.
- Realizar uma parcela do trabalho.
- Resistir à tentação de agir como um chefe.

Os membros da equipe

O cerne de qualquer equipe e o verdadeiro motor de seu trabalho são seus membros. Sim, um bom patrocinador pode limpar o caminho e garantir recursos e, sim, um bom líder pode motivar o desempenho e manter o trabalho focalizado. Mas são os membros da equipe que fazem a maior parte do trabalho. Como consequência, é extremamente importante reunir as pessoas certas com as habilidades corretas.

Quando Lewis e Clark escolheram os integrantes do Corpo do Descobrimento, não lhes faltaram voluntários. Mas eles foram inteligentes para aceitar somente aqueles que tinham alguma contribuição importante a dar. Muitos jovens cavalheiros com boas ligações foram apresentados como candidatos, mas todos foram rejeitados. Até Benjamin Smith Barton, professor de biologia de Lewis e um dos mais eminentes cientistas naturais da época, foi rejeitado. O conhecimento de Barton teria contribuído enormemente para um aspecto da missão — catalogar a flora e a fauna do oeste inexplorado da América. Mas Lewis achava que Barton, que tinha 37 anos, não era apto para os rigores da jornada que eles enfrentariam.

Ao escolher sua equipe, os dois colíderes arregimentaram homens com resistência física, caráter e habilidades. Como descreveu o historiador Stephen Ambrose: "Lewis e Clark analisaram-nos, avaliaram sua resistência geral, sua capacidade de atirar e caçar, sua força física e o caráter geral, sua adequabilidade para uma longa viagem pelo meio selvagem."[5] E os altos padrões de seleção dos líderes mostraram-se válido.

Segundo especialistas, escolher bons membros de equipe provavelmente é a parte mais espinhosa do projeto de equipe. Uma equipe pode adquirir seus integrantes por uma ou mais das seguintes maneiras:

- **Nomeação.** O patrocinador escolhe as pessoas e as convida a participar.
- **Voluntários.** As pessoas mais interessadas no trabalho se apresentam como possíveis membros.
- **Indicação.** As pessoas que têm interesse no projeto indicam indivíduos que têm as habilidades certas e em quem confiam.

Nenhum desses métodos de seleção é inerentemente melhor ou pior do que os outros. Cada um deles é capaz de obter os integrantes certos. Mas cada um deles é igualmente capaz de colocar as pessoas erradas em uma equipe, em particular quando a organização é muito politizada. Considere estes exemplos:

- O patrocinador escolheu a maioria dos membros de uma nova equipe de projeto de web site. Entre eles está Hugh, braço-direito do patrocinador. Hugh não distingue um servidor de um hiperlink e não tem nada em particular a contribuir com o esforço de equipe. Seu único propósito será fazer relatórios ao patrocinador, que não confia em dois integrantes da equipe. Para a equipe, Hughs é peso morto. Outros integrantes rapidamente descobrirão seu papel de informante e reagirão de forma negativa.

- Ann se apresentou como voluntária para uma equipe que foi organizada para fazer a reengenharia do processo de atendimento de pedidos da empresa. Ann não está particularmente interessada no objetivo da equipe, mas vê sua participação como uma maneira de fazer frente a Katherine, a líder de equipe e gerente em ascensão na empresa. Ann também está preocupada que seu principal rival para uma promoção já esteja na equipe. "Se ele está na equipe, é melhor que eu esteja também", raciocina ela. Está claro que o compromisso de Ann não é com o objetivo da equipe, mas com interesses próprios. Como consequência, ela não deve ser recrutada.

- Harry se apresentou para a mesma equipe de reengenharia. Ele tem um interesse particular no atual processo de atendimento de pedidos e acredita que sua posição organizacional sofrerá se a equipe adotar uma reforma radical neste processo. Sua motivação é de autoproteção. O compromisso de Harry não é com o objetivo da equipe, mas com o *status quo*. Ele não deve, de forma alguma, estar na equipe.

- Ralph indicou Muriel, uma de suas subordinadas diretas, para a equipe de projeto do site. "Será uma boa experiência de aprendizado para ela", diz ele a si mesmo. Sim, a participação de Muriel pode ser boa para o desenvolvimento de sua carreira, mas será tão boa assim para a equipe? Em que ela contribuirá?

Você vê exemplos como esses em sua organização? Em caso afirmativo, cuidado. Em cada um desses cenários, uma pessoa foi apresentada como membro por um motivo que nada tem a ver com ajudar a equipe a atingir as metas declaradas. Devem-se evitar abordagens semelhantes à seleção da equipe. Pode-se considerar a inclusão de Muriel na equipe, porém, se ela for do tipo que aprende rápido e trabalha arduamente. Mas a realização das metas da equipe deve ter prioridade sobre o desenvolvimento de cada um de seus integrantes.

Avaliação de habilidades

O ideal é que a seleção da equipe seja determinada pelas habilidades necessárias à realização do trabalho. Considere este exemplo, descrito por Gregory Watson em seu livro *Strategic Benchmarking*:

> *No final da década de 1970, a alta gerência da Ford Motor Company optou por apostar a empresa em um novo modelo de carro, construído do zero, que passaria a ser conhecido como Taurus. Cada grupo funcional na empresa estaria envolvido, como sempre. Mas desta vez o trabalho não seria atacado por meio da abordagem de sempre, mas por uma equipe interfuncional chefiada por um gerente sênior de projeto chamado Lew Veraldi. Veraldi teve muito discernimento na seleção dos membros da equipe, que ele realizou mapeando todas as áreas de expertise técnica e de mercado necessárias para produzir e lançar um novo modelo de carro. A participação na equipe era representada por dois níveis: um círculo interno de pessoal-chave com no máximo dez pessoas e um grupo maior de participantes, com mais de quatrocentas. Todos seriam necessários para a conclusão da tarefa. Só uma fração deles dedicaria todo seu tempo ao trabalho da Equipe Taurus. Cada membro de equipe, porém, contribuiria com* know-how *e recursos de seu departamento funcional.*[6]

A avaliação de habilidades é um processo em duas fases: a primeira fase olha o trabalho com objetividade e determina exatamente que habilidades são necessárias para que seja realizado. Foi essencialmente o que Veraldi fez com seu exercício de mapeamento. Por exemplo, ele recrutou pessoas de vários departamentos: engenharia de componentes, fabricação, peças e serviços, compras, jurídico, e vendas e marketing. Juntas, elas representavam todas as habilidades e recursos necessários para produzir e vender o novo automóvel em desenvolvimento.

A segunda fase da avaliação de habilidades olha as pessoas na organização e determina quem tem as habilidades corretas. As equipes devem ser compostas de membros que coletivamente levem ao trabalho todas as habilidades necessárias, sejam elas técnicas, de solução de problemas, interpessoais ou organizacionais.

- **As habilidades técnicas** se referem a expertises específicas — em pesquisa de mercado, finanças, programação de software e assim por diante.
- **A habilidade de solucionar problemas** é a capacidade de um indivíduo de analisar situações difíceis ou impasses e elaborar soluções. Os engenheiros são treinados como solucionadores de problemas. As pessoas criativas têm hábitos de raciocínio que as ajudam a encontrar soluções que outros podem não ver. Se você for o líder, precisa de quem solucione problemas em sua equipe; caso contrário, as pessoas o procurarão continuamente em busca dessas soluções — e essa não é uma abordagem sensata de equipe.
- **A habilidade interpessoal** refere-se à capacidade de trabalhar com eficácia com os outros — uma característica muito importante no trabalho em equipe.
- **As habilidades organizacionais** incluem a capacidade de se comunicar com outras unidades, conhecimento da paisagem política da empresa e posse de uma rede. As pessoas com essas habilidades ajudam a equipe a realizar coisas e evitam conflitos com unidades operacionais e seu pessoal.

Aqueles que formam a equipe devem olhar de perto os resultados que esperam e devem determinar as várias atividades que produzirão esses resultados. Depois devem se perguntar que habilidades são exigidas pelas atividades.

Na formação de equipes, os gerentes têm uma tendência natural a limitar sua análise de tarefas a habilidades técnicas. A necessidade de capacidades técnicas específicas é tão evidente que os formadores da equipe se concentram nelas e excluem outras habilidades. Como escreve Jeffrey Polzer: "Este é um ponto de partida sensato porque, por exemplo, uma equipe de desenvolvimento de software não pode trabalhar bem sem programadores que conheçam a linguagem código específica a ser usada no projeto; nem uma orquestra pode ter sucesso sem músicos de talento."[7] Infelizmente, a atenção às habilidades técnicas em geral obscurece a atenção às habilidades interpessoais e organizacionais, que em longo prazo podem ser igualmente importantes. Por exemplo, um programador brilhante pode na verdade retardar o progresso da equipe se fizer segredo de seu trabalho, se não estiver disposto a colaborar ou se gerar hostilidade entre outros membros. Da mesma forma, uma pessoa com habilidades técnicas medianas, mas inteligência organizacional soberba, pode ser o membro mais valiosos da equipe, graças a sua capacidade de reunir recursos, arregimentar ajuda de unidades operacionais e assim por diante.

A Brigada da Insônia de Edison

Poucas equipes conseguiram inovações tão numerosas e significativas quanto a formada por Thomas Edison. Apelidada de "Brigada da Insônia" devido à capacidade de seu líder de passar dia e noite com apenas quatro horas de sono e cochilos, a equipe de invenções de Edison obteve centenas de patentes e introduziu dezenas de produtos importantes nas últimas décadas do século XIX.

A origem da Brigada da Insônia pode ser situada no pensamento inicial de Edison sobre a perspectiva de produzir uma lâmpada elétrica incandescente, que ele via como uma oportunidade comercial imensa. Sabendo que teria de fazer muitos experimentos com projeto e materiais, ele criou cuidadosamente uma equipe que incluía técnicos com habilidades de mecânica, laboratório e sopro de vidro. Essas habilidades lhe possibilitaram testar centenas de filamentos em rápida sucessão. Por fim, um bulbo de vácuo contendo um filamento de algodão carbonizado se mostrou viável. Mas foram necessários outros experimentos com materiais antes que a ideia de Edison pudesse ser comercializada. O conjunto de habilidades técnicas que ele montou possibilitou isso e o colocou à frente de outros inventores que tentavam fazer a mesma coisa.

Polzer alerta que há muito espaço para o colaborador talentoso que não é muito bom no trabalho com os outros, concluindo que os pontos fracos interpessoais de uma pessoa podem ser tratados por meio do *coaching* ou de outros meios. Esse conselho deve estimular os gerentes a serem corajosos com as características positivas e negativas de possíveis membros de equipe. São poucos e raros os indivíduos fortes nas quatro medidas — técnica, de solução de problemas, interpessoal e organizacional. Assim, uma das metas da seleção de membros deve ser extrair o máximo dos talentos disponíveis e tomar medidas para neutralizar os pontos fracos das pessoas.

A maioria dos especialistas em criação de equipes alerta que você raras vezes conseguirá todas as habilidades de que precisa em sua equipe. Alguma coisa sempre estará faltando. E, na maioria dos casos, é impossível prever todas as habilidades necessárias. Como observaram Jon Katzenbach e Douglas Smith: "Nenhuma equipe tem sucesso sem todas as habilidades necessárias para atender a seus propósitos e metas de desempenho. No entanto a maioria das equipes vê a habilidade de que vai precisar *depois* [grifo nosso] de sua formação."[8] Assim, o líder de equipe inteligente procura pessoas com habilidades valiosas e o potencial para aprender novas habilidades, na medida do necessário.

O acréscimo e a subtração de membros

Esteja preparado para acrescentar novos membros e possivelmente agradecer e se despedir de outros com o passar do tempo. Novas habilidades e integrantes podem ser necessários à medida que o trabalho mudar e a equipe fizer progressos para sua meta. Considere o exemplo de uma equipe de reengenharia de processo que foi encarregada de projetar toda uma função de atendimento ao cliente da empresa. Esta equipe começou como um grupo essencial pequeno de cinco membros. Durante seu primeiro ano, recrutou outros cinco membros — cada um deles representando um dos grupos de produto da empresa. Depois de concluir o plano de reprojeto de atendimento ao cliente, esta equipe passou à fase de implementação. A esta altura, outras pessoas foram recrutadas — pessoas que teriam papéis importantes na implementação do plano.

Um alerta sobre acrescentar e dispensar integrantes: com o tempo, eles se adaptam às pessoas e aos estilos de trabalho representados na equipe. Desenvolvem padrões eficazes para tomar decisões e se comunicar — e às vezes o fazem muito gradualmente. Identificam a equipe com os outros participantes. Esta coesão é solapada quando gente demais se une e sai da equipe. Aqueles que permanecem devem despender um tempo valioso orientando os novos membros e aprendendo a trabalhar com eles; devem passar ainda mais tempo encontrando maneiras de cobrir o trabalho dos membros de equipe que partiram. Assim, minimize a rotatividade ao máximo possível.

Depois que um candidato a membro foi identificado, sua possível contribuição deve ser discutida pela equipe e com o patrocinador. O supervisor do candidato também deve ser consultado, na medida em que a participação na equipe absorve tempo que o candidato usaria em atribuições regulares. Pressupondo-se o acordo entre todas as partes, o candidato pode então ser convidado a ingressar na equipe.

Quantos são demais?

O tamanho ideal de uma equipe depende de suas metas e tarefas. Em geral, equipes pequenas de cinco a dez membros tendem a ser mais eficazes quando as tarefas são complexas e requerem habilidades específicas. Equipes maiores (de mais de 25 pessoas) podem ser eficazes se suas tarefas são simples e os membros da equipe concordam em delegar tarefas a subgrupos na medida do necessário. Incluir um número ímpar de pessoas na equipe pode facilitar a tomada de decisão, uma vez que a regra do voto da maioria nunca termina em empate.

O melhor conselho sobre quantas pessoas ter em uma equipe é este: tenha um número suficiente de pessoas para fazer o trabalho e nada mais do que isso. Ter profissionais a menos vai reduzir seu ritmo e possivelmente você não terá todas as habilidades necessárias. Ter gente demais também reduzirá seu ritmo na medida em que utilizará tempo e energia valiosos em esforços de comunicação e coordenação. Também há o problema do compromisso. O compromisso individual com a equipe e suas metas tende a diminuir com o acréscimo de pessoal.

Os escritores Jon Katzenbach e Douglas Smith propõem estas dicas para saber se sua equipe é suficientemente pequena:[9]

- A equipe pode se reunir com facilidade e conveniência.
- Os membros podem se comunicar com facilidade e frequência.
- Nenhum membro adicional é necessário para a realização do trabalho.

Lista de afazeres dos membros de equipe

- Conclua todas as tarefas designadas no prazo.
- Comunique as insatisfações e preocupações ao líder e a outros membros.
- Dê apoio ao líder e aos outros membros.
- Ajude os outros quando precisarem e peça ajuda quando precisar dela.

O facilitador

O último possível participante no elenco da equipe é um *facilitador*. Usamos o termo *possível* porque, ao contrário de todos os outros participantes, os facilitadores nem sempre são necessários. Eles estão ali para ajudar — mas somente quando a ajuda é realmente necessária.

Os facilitadores em geral ou são consultores externos ou pessoal de Recursos Humanos com treinamento especial em trabalho em equipe. Ao contrário de outros membros da equipe, eles não se envolvem nas tarefas da equipe. Em vez disso, dão conselhos técnicos especializados ou ajudam a otimizar a colaboração e a comunicação. Em nosso exemplo inicial, Mel tinha Helen, uma pessoa com experiência substancial em comunicações, para ajudar o novo comitê de comunicação a desenvolver sua estratégia. Em geral um facilitador observará as interações da equipe como terceira parte neutra e falará quando vir conflitos que podem atrapalhar o progresso, ausência de prioridades claras ou oportunidades para uma maior colaboração.

Muitas empresas grandes para as quais as equipes são função regular usam facilitadores para realizar o treinamento do trabalho em equipe. Os funcionários que não têm experiência com trabalho em equipe são enviados a oficinas de dois ou três dias lideradas pelo facilitador-treinador.

Observação: o Apêndice A no final deste livro contém dois itens que podem ajudar você a formar sua equipe: "Planilha para a formação de uma equipe" e "Lista de verificação para avaliar se um grupo é uma equipe". Você pode obter cópias para download gratuito destes itens no site da Harvard Business Essentials, localizado em www.elearning.hbsp.org/businesstools.

O termo de abertura da equipe

Ter o elenco certo é importante. Mas também é importante ter um *termo de abertura* que especifique a natureza do trabalho e as expectativas de resultados da gerência sênior. Sem um termo de abertura formal, a equipe pode seguir uma direção que não está alinhada com os objetivos organizacionais. E criar um termo de abertura força a gerência a articular com clareza o que a equipe deve fazer — um passo importante quando os líderes da organização não estão de acordo, como neste exemplo:

Phil era o patrocinador do esforço de reengenharia das operações de atendimento de pedidos e serviço ao cliente da empresa. Como um crítico franco dessas funções, ele era a pessoa certa para a tarefa. Há muito estava insatisfeito com o tempo que levava para atender os pedidos e com o nível nada espetacular de serviço ao cliente da empresa. Além disso, ele achava altos demais os custos dessas operações. Assim, ele colocou Lila encarregada de um esforço de projeto para melhorá-los.

Que tipo de corte de custos Phil estava prevendo? Quais eram exatamente suas queixas com relação ao sistema atual? Como seria o sucesso? Lila tentou que Phil respondesse a essas perguntas, mas sem êxito; ele estava ocupado demais para pensar em tudo e ansioso demais por delegar responsabilidade pelo resultado do projeto. Outros executivos da empresa também estavam ansiosos por ver as melhorias, mas, como Phil, não tinham ideias claras sobre os resultados que queriam. Assim, quando Lila indagou aos gerentes seniores sobre o assunto, eles não mencionaram metas específicas. Sem uma diretriz clara, Lila e o pessoal de sua equipe desenvolveram suas próprias metas e critérios de sucesso.

A equipe avançou no trabalho e Lila relatou o progresso a Phil durante os dez meses de esforço. Os recursos sempre eram problemáticos, em particular porque Lila jamais tinha certeza de quanto dinheiro ia gastar e quantas pessoas ia levar para a equipe em fases fundamentais. Toda solicitação de recursos tinha de ser negociada caso a caso com Phil.

A equipe por fim concluiu suas tarefas, estendendo-se a todas as metas autodeclaradas. Tinha cortado o tempo de atendimento de pedidos em um terço. Noventa por cento dos clientes agora podiam ter todos os seus problemas resolvidos com um único telefonema. E o custo geral dessas funções foi reduzido em 12%. A equipe de projeto comemorou a conclusão de seus deveres com um jantar esplêndido, depois do qual seus membros voltaram a seus deveres regulares.

A gerência sênior, porém, não ficou inteiramente satisfeita com o resultado. "Você fez um trabalho muito bom", disse Phil a Lila. "As melhorias que fez foram significativas, mas estávamos procurando por uma reorganização mais extensa e uma economia de custo maior." Lila ficou pasma e bastante irritada. "Se ele queria essas coisas", pensou ela, "por que não me disse?".

Situações como a de Lila são comuns, mas podem ser evitadas por meio de um termo de abertura da equipe. Um termo de abertura é um documento conciso por escrito contendo parte ou todos os itens que se seguem:

- Nome do patrocinador do projeto.
- Relação e prioridade do trabalho da equipe com as metas da unidade ou da organização.
- Prazo esperado do trabalho.
- Descrição concisa de produtos do projeto.
- Os benefícios do projeto.
- Orçamento, alocações e recursos disponíveis para a equipe.
- A autoridade da equipe.
- A assinatura do patrocinador.

Um termo de abertura completo indica os fins, mas não especifica os meios. Os meios devem ficar para o gerente de projeto, o líder de equipe e seus membros. O contrário — isto é, dizer à equipe o que deve fazer *e* como fazer — solaparia qualquer benefício de se ter recrutado uma equipe competente. Richard Hackman deixa esta questão clara em seu livro *Leading Teams*. "A orientação que não é clara ou extremamente abstrata", escreve ele, "pode desperdiçar o tempo dos membros e envolvê-los em conflitos à medida que eles lutam para concordar com o que realmente devem fazer. A orientação que é clara *demais* e completa, por outro lado, pode enfraquecer o compromisso dos membros com o trabalho e às vezes incita comportamentos indesejados e até antiéticos". Para Hackman, o patrocinador deve encontrar um equilíbrio entre dar à equipe orientação específica demais ou de menos.[10]

Como Hackman deixa claro na Figura 3.1, as equipes trabalham melhor quando os fins são especificados e os meios não o são (quadrante superior direito), quando fazem um trabalho orientado para a meta e gerenciam a si mesmos. Como escreve Hackman: "Quando os fins são especificados mas os meios não o são, os membros da equipe são capazes de apelar a seu conhecimento, habilidades e experiência — na verdade, são implicitamente estimulados a isso — para elaborar e executar uma maneira de operar que seja sintonizada com o propósito e as circunstâncias da equipe."[11] Não estamos dizendo com isso que especificar *ambos*, fins e meios (quadrante inferior direito), levará necessariamente ao fracasso. Esta situação descreve mais precisamente um grupo de trabalho tradicional, sem "empoderamento".

FIGURA 3.1
Meios e fins

		Especificar *fins?*	
		Não	Sim
Especificar *meios?*	Não	Anarquia	Trabalho autogerenciado e orientado para metas
	Sim	Fim da equipe (pior hipótese)	Desperdício de recursos humanos

Fonte: J. Richard Hackman, *Leading Teams: Setting the Stage for Great Performances* (Boston: Harvard Business School Press, 2002), 73. Reproduzido com permissão.

Depois que o termo de abertura é criado e a equipe organizada, a equipe pode desenvolver suas próprias especificações dos meios criando um *plano de projeto*. Com a aprovação do patrocinador, esse plano será a parte dois do termo de abertura.

Um plano de projeto é especialmente útil para empreendimentos grandes e complexos. Ele fornece mais detalhes sobre tarefas, marcos, produtos, riscos e prazos. O plano de projeto serve como um mapa rodoviário, tanto para a equipe como para outras partes interessadas.

Alinhamento do comportamento por meio de recompensas

A última parte do processo de formação de equipe discutido neste capítulo é a criação de incentivos. Se as pessoas não veem recompensas ou incentivos para realizar as metas da equipe, é improvável que deem a devida atenção a tais metas. Em vez disso, sua atenção será atraída para outro lugar, mais provavelmente a suas tarefas regulares, que são recompensadas com pagamento baseado em trabalho, perspectiva de promoção e, em muitos casos, bonificações baseadas no desempenho. Esses incentivos pretendem alinhar os esforços dos funcionários com as metas mais elevadas da organização. Algo deve ser feito para alinhar os esforços com as metas da equipe, o que aumenta o número de questões complexas:

- Como o sistema de recompensa pode ser alterado para tratar o fato de que os membros da equipe podem estar gastando X por cento de seu tempo no trabalho tradicional para cumprir as metas de sua unidade e Y por cento no trabalho em equipe, que serve a outras metas?
- O trabalho em equipe requer um alto nível de trabalho interdependente e responsabilidade mútua pelos resultados. Assim, deveriam as recompensas ser baseadas em contribuições individuais às metas da equipe ou no desempenho de toda a equipe?
- Se forem utilizadas recompensas baseadas na equipe, como podem ser evitados os parasitas? — isto é, recompensar os membros que não colaboram? Os

integrantes que trabalham arduamente na equipe ficarão desmoralizados se souberem que outros estão pegando carona em suas recompensas substanciais.

A questão da recompensa de equipe é muito complexa. Por um lado, a organização já tem um sistema de recompensas em funcionamento que não tem nada a ver com a equipe. Ela não vai querer alterar esse sistema. Além disso, a tensão entre usar recompensas de equipe e desestimular os caronas tem uma longa história. Não existem respostas fáceis. Em geral, a melhor abordagem é usar as recompensas da equipe combinadas com mecanismos que desestimulem a carona. O mais óbvio desses mecanismos é manter os parasitas fora da equipe, antes de tudo. Se um ou dois entrarem furtivamente no processo de recrutamento, o líder e os membros devem agradecer por suas contribuições e mandá-los de volta a seus deveres regulares.

Resumo

- Cada equipe deve ter um patrocinador comprometido com seu sucesso. Esse patrocinador deve ser um gerente ou executivo que tenha interesse real no resultado e que seja responsável pelo desempenho da equipe. O patrocinador deve também ter autoridade para definir o escopo do trabalho, fornecer os recursos necessários e aprovar ou rejeitar o que a equipe produz.

- Um líder de equipe deve cumprir as muitas responsabilidades do gerente tradicional. Além disso, deve adotar três novos papéis: iniciador, modelo e *coach*.

- A seleção de membros de equipe deve ser determinada pelas habilidades necessárias para a realização do trabalho. Primeiro, analise a meta para determinar que habilidades técnicas, de solução de problemas, interpessoal e organizacional são necessárias para sua realização; depois identifique e recrute pessoal que tenha essas habilidades.

- Na formação de uma equipe, recrute o máximo de pessoas de que necessite para realizar o trabalho — e não mais do que isso.
- Um termo de abertura da equipe fala da natureza do trabalho e das expectativas de resultados pela gerência. Aponta os esforços da equipe em uma direção que esteja alinhada com os objetivos organizacionais. Escrever o termo de abertura obriga a gerência sênior a articular com clareza o que a equipe deve fazer.
- Use as recompensas para alinhar os interesses dos membros da equipe com as metas organizacionais.

4

Começando com o pé direito

Os primeiros passos importantes

Principais tópicos abordados neste capítulo

- *A promoção de uma reunião de lançamento*
- *A adoção de regras de decisão*
- *O planejamento e cronograma de trabalho*
- *Acordo sobre medidas do sucesso*
- *O desenvolvimento de um orçamento*
- *A criação de mecanismos que unam a equipe*
- *O estabelecimento de normas de comportamento*

DEPOIS QUE UMA equipe foi formada e seu termo de abertura preparado, várias coisas importantes devem ser feitas antes que o trabalho tenha início. Regras devem ser estabelecidas sobre o *quem* e o *como* das decisões, e também sobre como os membros se comportarão uns com os outros. Planos devem ser feitos para a consecução das metas da equipe. O trabalho deve ser fragmentado em partes administráveis, programado para sua conclusão e alocado às pessoas certas. Essas são apenas algumas questões que a equipe deve abordar no início do esforço. Juntas, elas criam uma estrutura dentro da qual pode ser realizado o trabalho eficaz de equipe. Algumas questões importantes podem ser abordadas em uma primeira reunião da equipe.

A promoção de uma reunião de lançamento

A melhor maneira de lançar um esforço de projeto é em uma reunião de toda a equipe, uma reunião com níveis adequados de gravidade e fanfarra. Muita discussão e planejamento terão sido suportados antes da reunião de lançamento, envolvendo o gerente de projeto, o patrocinador e cada membro da equipe. Mas esses encontros informais não substituem a reunião a que comparecem todos os membros, o patrocinador, os principais interessados e, se adequado, o mais alto escalão oficial da organização.

A presença física nesta reunião tem grande importância psicológica, em particular para equipes geograficamente dispersas, cujos membros podem ter poucas oportunidades futuras de se reunir. Estar juntos bem no início de sua longa jornada e se conhecerem pessoalmente ajudará a formar compromisso e sustentará o senso de cada participante de que esta equipe de projeto é importante. É difícil imaginar alguém sentindo-se parte de um grupo com metas comuns sem que a certa altura esteja na presença física dos colegas. Se algumas pessoas não puderem comparecer à reunião de lançamento devido à localização geográfica, todo esforço deve ser feito para que tenham uma presença virtual por videoconferência ou, no mínimo, por viva-voz. Sim, muitas equipes atualmente não têm o benefício da presença física de todos os membros, mas, apesar disso, algumas conseguem fomentar a identidade de equipe e metas comuns. Apesar das histórias de sucesso, não estar no mesmo local é uma desvantagem — que deve ser evitada, se possível.

A presença do patrocinador na reunião de lançamento é imperativa. Sua presença e comportamento muito dizem sobre a importância atribuída à missão do projeto — ou sobre a falta dela. Como escrevem os especialistas Jon Katzenbach e Douglas Smith:

> *Quando possíveis equipes se reúnem pela primeira vez, todos monitoram os sinais dados pelos outros para confirmar, suspender ou espalhar pressupostos e preocupações. Eles dão particular atenção àqueles que têm autoridade; o líder da equipe e quaisquer executivos que tenham criado, supervisionem ou tenham outra influência sobre a equipe. E, como sempre, o que esses líderes fazem é mais importante do que dizem. Se um executivo sênior deixa a equipe para atender a um telefonema dez minutos depois de a sessão ter começado e não volta, as pessoas entendem o recado.*[1]

Aqui estão tarefas que você deve objetivar para realizar na reunião de lançamento oficial de sua equipe:

- Seja muito claro sobre quem pertence à equipe. Pode haver membros essenciais e pode haver membros periféricos que participam por um tempo limitado ou de maneira limitada. Mas todos são membros. Não tolere nenhuma ambiguidade a esta altura. Receba todos os que irão contribuir para o projeto na reunião de lançamento.

- Explique o termo de abertura e seu conteúdo. O patrocinador ou o líder de equipe deve explicar a meta, os produtos e os prazos documentados no termo de abertura.
- Procure obter a compreensão unânime do termo de abertura. Só porque a liderança explica a meta, os produtos e assim por diante, não quer dizer que todos os membros da equipe as interpretem da mesma maneira. Envolva as pessoas na discussão sobre o termo de abertura com o objetivo de conseguir concordância e consenso.
- O patrocinador deve explicar *por que* o trabalho da equipe é importante e *como* suas metas são alinhadas com os objetivos maiores da organização. As pessoas precisam saber que fazem parte de algo com consequências importantes para si mesmas e para a organização.
- Descreva os recursos disponíveis ao pessoal da equipe e de fora dela, com quem os membros devem interagir. Esse grupo pode incluir outros funcionários da empresa, funcionários de parceiras aliadas, fornecedores e clientes.
- Descreva os incentivos à equipe. O que, além de sua remuneração normal, os membros receberão se as metas da equipe forem cumpridas ou superadas?
- Faça as apresentações. A não ser que as pessoas já estejam familiarizadas com as outras e suas habilidades específicas, use a reunião de lançamento como oportunidade para apresentações pessoais. Se o grupo tem um tamanho razoável, peça aos participantes que se apresentem, que digam alguma coisa sobre sua formação e sua expertise e que expliquem a contribuição que esperam dar ao esforço.

No final da reunião de lançamento, as pessoas devem ter um senso claro de direção, da importância das metas da equipe para a organização, como o sucesso será medido e como serão recompensadas por seus esforços. Elas devem saber quem está na equipe e como cada um é capaz de contribuir. E elas devem começar a pensar em si mesmas como membros de uma equipe de verdade. Um verdadeiro senso de pertencer à equipe só pode se desenvolver com o tempo e pela experiência partilhada. Todavia as sementes devem ser plantadas na reunião de lançamento.

Decida sobre as decisões

Desde o início, a equipe deve concordar sobre como as decisões serão tomadas. Se faltar consenso, a equipe deve ou perder muito tempo ou gerar decisões que muitos não apoiarão. E as decisões estão esperando em cada canto:

Uma meta menor deve ser trocada por outra?

Existem três alternativas de projeto de produto. Qual delas a equipe escolherá?

Que consultor a equipe deve contratar e como será definido o escopo da consultoria?

A equipe está ultrapassando o orçamento: que atividades devem ser cortadas?

Em ambientes onde não há equipes, as decisões são o domínio de executivos e gerentes. Esses indivíduos identificam o problema, procuram e analisam alternativas e se aconselham com fontes adequadas. Eles depois tomam a decisão e assumem a responsabilidade pelas consequências. Entre outras coisas, os gerentes e executivos são pagos para tomar decisões dentro de seu escopo de responsabilidade. Embora possam procurar por consenso e informações de terceiros, eles não podem se prender às opiniões dos outros.

A tomada de decisão em equipe não é tão clara. Os patrocinadores obviamente têm autoridade para tomar decisões sobre as metas da equipe e o nível de recursos alocados. Eles também têm autoridade última sobre:

- pessoal;
- gastos para um dado orçamento;
- trazer recursos de fora;
- mudanças na política ou nas metas de toda a organização;
- escolhas que afetem clientes, como fixação de preços e especificações;
- mudanças nos produtos e no cronograma da equipe.

Os procedimentos de decisão são importantes

A pesquisa indica que as pessoas se importam com os procedimentos de decisão. Elas querem que o protocolo seja justo e é muito mais provável que aceitem uma decisão que lhes seja desfavorável se acreditarem que o procedimento para a tomada da decisão foi justo. A confiança é o principal elemento nesta situação. As pessoas devem confiar naqueles que elaboram os procedimentos de tomada de decisão. Se virem os outros manipulando e agindo por interesse próprio, sua disposição de aceitar as decisões evaporará.

As equipes, por outro lado, devem ter autoridade única sobre as decisões relacionadas com operações e processos da equipe. Além disso, elas podem tomar decisões sobre recursos dentro de um limite orçamentário específico. Para evitar possíveis discordâncias, certifique-se de que sua equipe, seu patrocinador e a alta gerência tenham uma compreensão comum de que decisões a equipe pode tomar e quais serão tomadas fora do grupo.

Se você é um líder de equipe, uma das coisas que deve fazer para conseguir que a equipe comece é ajudar no acordo sobre o *quem* e o *como* da tomada de decisão. Quem tomará as decisões? As decisões serão tomadas pelo líder da equipe ou por um subgrupo de integrantes, ou todos os membros terão voz? Como as decisões serão tomadas? Valerá a regra da maioria? Deve o grupo chegar a um consenso pleno? As decisões serão definitivas? Em caso negativo, que tipo de processo de modificação a equipe seguirá?

Aqui estão algumas abordagens comuns à tomada de decisão:

- **A regra da maioria.** Os participantes levam sua opinião à reunião, discutem e depois votam. São adotadas as decisões que receberem mais de 50% dos votos.
- **Consenso.** Cada membro da equipe deve concordar antes que uma decisão possa ser tomada e adotada. Se não se conseguir chegar a um consenso, novas alternativas devem ser desenvolvidas e levadas ao grupo.
- **Um pequeno grupo decide.** Escolhe-se um grupo de pessoas com experiência e habilidades relevantes para tomar decisões.
- **O líder decide com a opinião de terceiros.** O líder de equipe reúne a opinião dos membros e depois toma a decisão.

Na escolha da abordagem à tomada de decisão, os participantes devem pesar os *trade-offs*. Quanto mais envolvidos os membros da equipe no processo de tomada de decisão, maior a probabilidade de que venham a dar apoio ao resultado. Como consequência, as abordagens do consenso e da regra da maioria podem ajudar a formar o compromisso da equipe. Tais abordagens, porém, tomam tempo — algo que a equipe pode ou não ter incluído em seu cronograma. Se o tempo é uma questão importante, a equipe pode pensar em usar diferentes abordagens em diferentes situações: pode chegar coletivamente a um acordo sobre questões que sejam mais importantes para os membros e usar uma abordagem mais otimizada para o resto.

Quaisquer que sejam as escolhas feitas sobre a tomada de decisão, é extremamente importante estabelecê-las durante a etapa de início do projeto. A falta de acordo sobre as regras de decisão só levará a brigas e dissensão. Se o tempo e os acontecimentos indicarem que essas regras não estão apoiando as principais metas, mude-as de uma maneira organizada.

Um alerta sobre o consenso

É fácil confundir consenso sobre uma questão com apoio unânime. As duas coisas nem sempre são iguais. O consultor Michael Wachter assinala que o que em geral parece ser consenso é simplesmente o resultado da votação favorável de algumas pessoas simplesmente para dar fim a um impasse e seguir adiante. Isso não representa um apoio real à decisão. Em outros casos, alguns membros podem, como políticos, concordar com uma decisão sabendo que seus colegas os apoiarão em outra questão.[2] Esses comportamentos não representam consenso.

Planejamento e cronograma do trabalho

Uma característica do termo de abertura típico da equipe é uma ênfase maior nos fins do que nos meios. Particularmente com uma equipe de projeto, o patrocinador deve especificar o fim desejado e a partir daí deixar o plano nas mãos do líder e dos membros da equipe. Com o fim ou fins desejados em mãos, a equipe pode usar as ferramentas consagradas para planejar o trabalho — e por fim implementar o plano. Uma vez que muitas equipes são, na realidade, equipes de projeto, essas ferramentas consagradas são as mesmas que foram desenvolvidas e usadas nos últimos sessenta ou setenta anos por gerentes de projeto.

O *gerenciamento de projeto* é um processo de supervisão de um esforço concentrado, de prazo definido e orientado para as metas do início a fim. Envolve a alocação de pessoal e recursos, coordenação de atividades e gastos de recursos e monitoramento do desempenho. O projeto típico tem quatro fases: planejamento, desenvolvimento, implementação e encerramento. Consideramos somente a primeira delas aqui, o planejamento. Começa com o esclarecimento dos objetivos.

Esclareça os objetivos

"Desenvolver um web site capaz de dar informações de produto rápidas, precisas e eficazes em custo a nossos clientes." Foi assim que um patrocinador descreveu o objetivo de um projeto. Mas o que exatamente ele quis dizer? O que significa "rápido"? Como "preciso" deveria ser definido? Seria aceitável um erro em mil transações ou um erro em 10 mil corresponderia às expectativas do patrocinador? A que grau o site deve ser eficaz em custo? Todas são perguntas que devem ser respondidas, preferencialmente em consulta com o patrocinador. Todos os objetivos devem ser específicos e mensuráveis. Se não o forem, a equipe não terá como saber se os objetivos do patrocinador foram cumpridos. Também deve haver um prazo dentro do qual os objetivos serão alcançados; o projeto não pode ter um fim em aberto.

Observação: o Apêndice A contém uma planilha que pode ajudá-lo a definir o projeto de sua equipe. Como outros recursos no Apêndice A, você pode obter uma cópia por download gratuito no site da Harvard Business Essentials: www.elearning.hbsp.org/businesstools.

Especifique as tarefas

Depois que os objetivos estão muito claros e aceitos unanimemente, retroaja para especificar as tarefas que precisam ser concluídas a fim de que todos os objetivos sejam cumpridos. Este é um exercício de preencher as lacunas em que as pessoas abordam estas questões:

- Quais são todas as tarefas que devem ser feitas para que esses objetivos sejam alcançados?
- Qual é a ordem ideal de realização dessas tarefas? O que pode ser realizado de forma independente e o que deve ser feito em série?
- Em que prazo cada tarefa deve ser realizada?

A Tabela 4.1 ilustra uma abordagem a tarefas específicas, suas subtarefas relacionadas e atribui períodos de tempo. O projeto neste exemplo objetiva transferir três servidores da web e dois bancos de dados a um novo centro de dados.

Como mostra a Tabela 4.1, cada tarefa principal é mais plenamente especificada como uma ou mais subtarefas de Nível 1 e em geral é ainda mais especificada com subtarefas de Nível 2. E a cada subtarefa é atribuída uma duração estimada de tempo, cujo total é de 22 dias. Isso não quer dizer que o tempo total necessário para concluir o projeto seja de 22 dias, uma vez que algumas tarefas podem ser concluídas paralelamente. Por exemplo, os membros da equipe podem alertar o centro de dados sobre a chegada de novo equipamento durante o mesmo período em que a ordem de compra está sendo completada e enviada aos vendedores. Os gerentes de projeto usam as ferramentas de cronograma como os gráficos PERT (Program Evaluation and Review Technique [Técnica de Avaliação e Revisão de Projetos] e gráficos de Gantt para dividir tarefas individuais em blocos de tempo distintos, reconhecendo que algumas tarefas devem ser abordadas em uma determinada série enquanto outras são independentes. Um gráfico PERT para o projeto de centro de dados é mostrado na Figura 4.1.

TABELA 4.1
Especificação de Tarefas

Principal tarefa	Subtarefas de Nível 1	Subtarefas de Nível 2	Duração de Subtarefa Nível 2 (dias)
Obter equipamento	Comprar 3 servidores e 2 bancos de dados	Fazer pedido de compra e submeter a fornecedor	5
	Enviar equipamento a novo centro de dados	Alertar centro de dados de que equipamento está para chegar	2
Preparar e implementar equipamento	Instalar fisicamente o hardware	Montar e cabear equipamento e	2
		garantir conectividade da rede	1
	Carregar sistema operacional	Carregar software, inclusive software servidor, aplicativos de banco de dados e dependências necessárias	2
	Carregar aplicativos		
	Espelhar conteúdo em servidores novos	Copiar configurações, transferir arquivos a novos servidores e carregar adequadamente	3
Testar equipamento	Testar aparelhos	Garantir conectividade na rede; verificar acesso a banco de dados e sua funcionalidade	2
Iniciar operação	Iniciar no novo centro de dados	Mudar acesso a web e banco de dados para novos sites	1
	Verificar dados e integridade de conteúdo	Realizar testes predeterminados para garantir precisão dos dados	1

TABELA 4.1(CONT.)
Especificação de Tarefas

Principal tarefa	Subtarefas de Nível 1	Subtarefas de Nível 2	Duração de Subtarefa Nível 2 (dias)
Testar novamente	Deixar os sites em funcionamento por 24 horas e verificar integridade novamente		1
Desativar equipamento antigo	Remover o antigo equipamento do local	Desinstalar equipamento, apagar software e conteúdo	1
	Armazenar equipamento antigo para futuro uso ou venda	Enviar equipamento para estoque	1
		Duração total (dias)	**22**

Fonte: Harvard ManageMentor® sobre Gestão de Projeto (Boston: Harvard Business School Publishing, 2002), 16. Reproduzido com permissão.

Dicas para criar um cronograma de projeto

1. Desenvolva uma lista de tarefas específicas.
2. Atribua um produto a cada atividade — por exemplo, "protótipo para teste de mercado".
3. Use os produtos como base para a criação de um cronograma de projeto com marcos realistas e prazos definidos.
4. Identifique gargalos que podem atrapalhar o cronograma.
5. Determine maneiras de eliminar os gargalos ou reserve um tempo a mais para contorná-los.
6. Estabeleça sistemas de controle e comunicação para atualizar e revisar o cronograma.

7. Mantenha todos os interessados envolvidos e informados do progresso do projeto e de todas as modificações no cronograma.

Observação: a maioria dos gerentes de projetos complexos usa programas de computador para ajudá-los no planejamento e no cronograma do projeto. Para determinar que software é melhor para sua situação, verifique as últimas análises de softwares e consiga recomendações de um gerente de projetos experiente.

Atribua tarefas

Em algumas situações de equipe de projeto, os membros se unem ou são designados para a equipe antes da fase de especificação de tarefas; eles se organizam em torno das metas de projeto de alto nível. Em outros casos, a especificação de tarefas descrita é realizada por um pequeno grupo de gerentes e/ou especialistas funcionais. Esses indivíduos essenciais consideram o que deve ser feito e depois recrutam os membros capazes de abordar as diferentes tarefas. Em qualquer das duas situações, a atribuição de tarefas deve ser feita com os seguintes critérios em mente:

- Atribua tarefas às pessoas mais capazes para o trabalho.
- Deixe claro como cada tarefa atribuída se encaixa nas metas de mais alto nível da equipe — e como essas metas de equipe se encaixam nas metas organizacionais.
- À medida que as tarefas são atribuídas, designe também a autoridade e os recursos necessários para sua conclusão.

FIGURA 4.1
Gráfico PERT

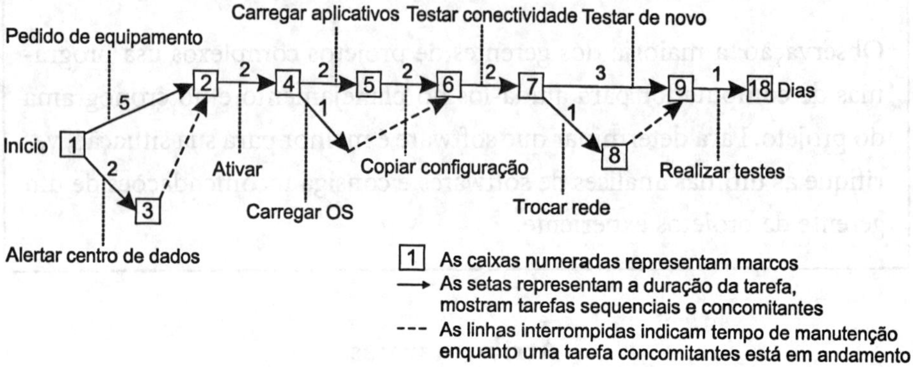

Fonte: Harvard ManageMentor® sobre Gestão de Projeto (Boston: Harvard Business School publishing, 2002), 25. Reproduzido com permissão.

Defina as medidas do sucesso

As equipes identificam um conjunto de medidas específicas de desempenho que podem ser usadas para registrar o progresso da equipe com relação às metas. Os tipos de medidas usadas dependem imensamente do trabalho específico; todavia elas devem refletir a realização de marcos claros no caminho para as metas da equipe. Por exemplo, a equipe de projeto encarregada de migrar os servidores da web e bancos de dados da empresa para um novo centro de dados provavelmente adotaria no mínimo estas medidas do sucesso:

- Concluir o trabalho em 18 dias ou menos.
- Fornecer um serviço 99% livre de erros depois de ativar o novo sistema.
- Permanecer dentro do orçamento inicial.

Ao estabelecer as metas da equipe, os líderes e integrantes devem seguir este conselho eterno: torne as metas desafiadoras, mas realizáveis. Ou, como diz Richard Hackman em seu livro sobre as equipes: "O desempenho projetado de uma equipe não deve ser tão elevado que esteja além do alcance de seus membros, nem tão baixo que seja desinteressante."[3]

Desenvolva um orçamento

Poucos esforços de equipe recebem um cheque em branco. A gerência sênior prevê benefícios mensuráveis se uma equipe tiver sucesso, mas também reconhece os custos associados. Para manter esses custos dentro de uma gama aceitável, a gerência dá recursos limitados à equipe e espera que ela realize suas metas com eles. A equipe cria um orçamento para fazer o máximo com esses recursos.

Um orçamento é o esboço financeiro para o projeto da equipe. Ele traduz os planos em quantidades mensuráveis que denotam o custo de recursos necessários e os retornos previstos para um período de tempo — em geral, duração do projeto. A maioria dos especialistas concorda que, a não ser que esteja disposta a financiar plenamente o custo previsto do projeto, a gerência não deve dar início a ele. Está aí uma importante dica para todo líder de equipe: se o patrocinador tem grandes expectativas mas não fornecerá um nível realista de financiamento ou recursos, pense duas vezes antes de aceitar a tarefa — ou brigue pelo que você acha que é necessário para fazer o trabalho.

No desenvolvimento de um orçamento, você deve prever todos os custos e receitas (se houver alguma). O grosso dos custos de projeto recairá nas seguintes categorias:

- **Pessoal.** Você não terá de incluir custos de pessoal se o tempo dos membros da equipe é doado por seus departamentos ou unidades de negócios.
- **Ajuda externa.** Os honorários de consultores, treinadores e outros facilitadores devem ser previstos e incluídos no orçamento.

- **Viagens.** Os membros de sua equipe viajarão a locais de reunião, instalações de clientes ou locais de *benchmarking*? Em caso afirmativo, inclua a despesa no orçamento.
- **Treinamento.** As equipes de projeto recebem treinamento em trabalho em equipe, o uso de software especial e desenvolvimento de habilidades?
- **Gastos de capital.** Estime e inclua o custo de computadores, software, equipamento de comunicação e assim por diante, se não foram fornecidos pela organização.
- **Pesquisa.** Teria você de comprar estudos ou dados em apoio ao projeto? Em caso afirmativo, a que custo?

Crie mecanismos de integração

Atirar simplesmente as pessoas em uma reunião de lançamento, dar-lhes metas coletivas e distribuir camisetas gratuitas com o nome e o logo da equipe criam uma equipe só no nome. As verdadeiras equipes são criadas por meio de atividades de colaboração: trabalho conjunto e compartilhamento de ideias. Você pode facilitar essas atividades de formação de equipe usando mecanismos de integração: reuniões agendadas regularmente, elos de comunicação, o posicionamento físico dos membros da equipe e eventos sociais que formam identificação da equipe e coesão do grupo.

Cada um desses mecanismos, na realidade, estimula as pessoas a conversar, entenderem-se mutuamente no nível pessoal, trocar ideias, analisar e criticar estratégias alternativas e formar os vínculos de confiança e amizade que tornam o trabalho em equipe estimulante e produtivo.

Em geral, o posicionamento físico é um dos mecanismos de integração mais poderosos, porém menos explorados. As equipes de P&D e de novos produtos têm descoberto que os ambientes físicos podem ser projetados de forma que estimulem a produção altamente criativa. Por exemplo, quando um ambiente está cheio de muitos tipos de estímulo e quando fornece links eletrônicos e físicos entre as pessoas, ele permite que elas vejam novas conexões e pensem de forma mais ampla.

No final da década de 1990, uma equipe de pesquisadores da Escola de Arquitetura e Planejamento do MIT — o Grupo de Pesquisa de Organização e Espaço (SPORG, Space and Organization Research Group) — começou a examinar a ligação entre projeto de espaço de trabalho e processos de trabalho. Um dos estudos de caso mais interessantes do SPORG envolveu um espaço de trabalho que estava sendo desenvolvido para uma nova equipe de projeto do centro de pesquisa da Xerox Corporation no estado de Nova York.[4] Ali o espaço e o trabalho foram projetados simultaneamente e com um alto nível de coordenação. Membros de equipe eram posicionados para comunicação mais fácil entre si e para uma proximidade maior com o equipamento físico que ocupava seus pensamentos e experimentos. Linhas de movimento de entrada, saída e através do espaço de trabalho foram deliberadamente dispostas de modo a criar contato frequente e conveniente entre os colegas. As salas de reunião foram projetadas para que os artefatos físicos nos laboratórios estivessem à vista e acessíveis. As reuniões eram abertas a todos.

Um corpo de pesquisa pequeno mas crescente está demonstrando o que a intuição já nos diz — que as características de posicionamento e projeto de espaço de trabalho, como as projetadas no laboratório da Xerox, têm relação com a eficácia do trabalho. Na verdade, a mudança do gerenciamento moderno para meios menos formais e mais baseadas em equipe obrigou arquitetos e designers a desenvolver espaços que sejam mais adaptáveis às mudanças no processo de trabalho, mais preocupados com a comunicação entre funcionários e que deem mais apoio a padrões criativos e cognitivos de trabalho. Esta é a lógica por trás do centro de engenharia da BMW em Munique, conhecido como FIZ (de *Forschungs und Innovationszentrum*).

O FIZ, aberto em 1987, é baseado no conceito de posicionamento. Reúne em um só local todos que estão preocupados com o desenvolvimento de produto de automóvel, inclusive os fornecedores da BMW. Perto de 5 mil pesquisadores, engenheiros e técnicos trabalham no FIZ, projetado em torno de uma rede que liga vários grupos. A distância máxima de caminhada entre dois ocupantes quaisquer do FIZ é de 150 metros. Isso estimula o contato físico e a comunicação informal entre as muitas pessoas que trabalham para chegar a objetivos comuns. A DaimlerChrysler tentou algo muito parecido — mas com o dobro da escala — quando construiu seu Centro de Tecnologia em Auburn Hills, no Michigan.

Qual é a natureza do local de trabalho de sua equipe? Seus integrantes trabalham em salas fechadas, onde o contato com os outros é estritamente acidental ou requer planejamento antecipado? Qual é a distância física entre as pessoas que devem interagir e compartilhar ideias regularmente? Os pesquisadores organizacionais sabem há muito tempo que a frequência de comunicação entre colegas de trabalho diminui drasticamente à medida que aumenta a distância física entre eles. Como descobriu anos atrás o pesquisador do MIT Tom Allen: "É mais provável que as pessoas se comuniquem com as que estão localizadas mais perto delas. Os indivíduos e grupos podem portanto ser posicionados de maneira que a comunicação seja ou promovida ou inibida."[5] Assim, o projeto de espaço de trabalho e o posicionamento físico dos membros da equipe têm um forte impacto sobre a profundidade da comunicação e a troca de conhecimentos.

Os escritores Marc Meyer e Al Lehnerd sublinham a importância da colocação em seu livro sobre desenvolvimento de plataforma de produto baseado em equipes:

> *Os princípios da disposição de equipes, de expô-las a uma variedade de informações e fornecer uma exibição contínua dessas informações são importantes (...). Está evidente que a reunião de membros de equipe em um espaço físico melhora a comunicação e a troca de informações. Aqui, fragmentos de conhecimento e informações que por si nada significam podem ser reunidos com outros fragmentos, formando* insights *significativos. O posicionamento da equipe também fomenta a criação de vínculo entre os membros e o compromisso necessário para os projetos focalizados, rápidos e de alto risco.*[5]

Uma abordagem eficaz à questão do posicionamento — mesmo quando é inviável que os espaços individuais de trabalho dos membros da equipe estejam em estreita proximidade — é a criação de uma *sala de equipe*. Uma sala de equipe é um espaço dedicado ao trabalho da equipe e seus membros. Funciona como um espaço para reuniões, como um lugar em que os membros podem congregar para trocar ideias e onde todos os artefatos físicos e registros do trabalho da equipe podem ser exibidos ou guardados. Esses artefatos e registros podem incluir o que se segue:

- Produtos desmontados da concorrência.
- Os protótipos atuais da equipe.
- Relatórios de pesquisa e testes relevantes.
- Uma biblioteca especializada de livros e periódicos técnicos.

A sala da equipe pode também colocar estes itens nas paredes:

- Um grande gráfico de Gantt ou PERT que descreva o progresso atual e os marcos da equipe do início ao fim.

Dicas para extrair o máximo de sua sala de equipe

Uma sala de equipe é o ambiente natural para as reuniões. Mas você só terá todos os benefícios do espaço se as pessoas fizerem dele um lugar regular de reuniões. Aqui estão algumas coisas que você pode fazer para atrair as pessoas regularmente à sala de equipe:

- Patrocine almoços periódicos com comida de lanchonete na sala de equipe. Use um tema em particular, um cientista de pesquisa visitante, um cliente importante ou um executivo de uma empresa parceira como ímã para reunir as pessoas para essas sessões informais.

- Crie um espaço informal e confortável, eliminando a mobília tradicional de sala de reuniões em favor de sofás, mesas de centro e espreguiçadeiras.
- Disponibilize muitos blocos de desenho e canetas para estimular as pessoas a esboçar suas ideias.
- Inclua uma geladeira pequena abastecida com refrigerantes, sucos e lanches, que atrairão os membros da equipe para a sala, onde conversarão.

- Uma cópia original do termo de abertura da equipe, assinada pelo patrocinador executivo.
- O orçamento da equipe, incluindo as variações atuais.
- Os nomes e números de telefone de "amigos" — pessoas que não são da equipe com *insights* importantes que estejam dispostos a ajudar à equipe e a seus membros.

Esta sala da equipe também deve ser equipada com um microfone — e talvez equipamento de videoconferência — para acomodar a discussão do grupo com membros que estão distantes ou sejam amigos. Um quadro branco e um *flip chart* devem completar o cenário. Coletivamente, a sala de equipe e seu equipamento facilitam o trabalho e fomentam a identidade da equipe.

Estabeleça normas de comportamento

Não se pode transformar uma reunião de indivíduos em uma equipe eficaz da noite para o dia. As pessoas vêm para o esforço com preocupações pessoais. Muitos veem os novos colegas como concorrentes por promoções, reconhecimento e recompensas. Outros ainda podem abrigar rancor pessoal contra uma pessoa ou mais com quem eles se desentenderam. E há sempre alguém que não tem as habilidades sociais necessárias para o trabalho em grupo.

As preocupações pessoais, a competição interna, os rancores e as habilidades sociais fracas estão presentes em certo grau em toda equipe e podem solapar a eficácia do projeto se não forem contidas ou neutralizadas. A diversidade de especialidades e estilos de trabalho que você provavelmente trouxe para a equipe, com grande esforço, também pode dificultar a colaboração. Os especialistas técnicos, por exemplo, podem fazer uso de um jargão desconhecido. Uma das melhores maneiras de gerenciar esses problemas é fixar normas claras de comportamento. Como descreveram Katzenbach e Smith, as regras mais críticas são pertinentes a:

- **Comparecimento.** Os membros e líderes devem entender que a equipe não pode tomar decisões e realizar seu trabalho se as pessoas não comparecerem às reuniões ou às sessões de trabalho conjunto. Se você for líder, as pessoas seguirão seu exemplo. Se você for cronicamente atrasado ou ausente, elas imitarão seu comportamento.

- **Interrupções.** Decida desligar os celulares durante as reuniões e sessões de trabalho. Receber uma chamada durante uma sessão da equipe indica que o telefonema é mais importante do que o que a equipe está fazendo.

- **Nada de vacas sagradas.** Concorde que nenhum problema será tabu. Por exemplo, mesmo que se saiba que uma mudança aborrecerá determinado executivo, uma equipe de reengenharia de processo não deve ter medo nem relutância em discutir a questão. Evitar o problema devido às possíveis objeções do executivo indicará que a equipe e seu esforço são inúteis.

- **Crítica construtiva.** A solução de problemas existe para produzir soluções concorrentes. Os defensores dessas soluções devem entender que eles têm "empoderamento" para representar sua opinião, mas não podem solapar as dos outros por meio de fraudes ou da sonegação de informações relevantes. Os participantes da equipe também devem aprender a exprimir a discordância de forma construtiva.

- **Confidencialidade.** Algumas questões da equipe podem ser delicadas. Os membros da equipe só discutirão essas questões livremente se tiverem confiança de que o que é dito dentro da equipe ficará ali.
- **Orientação para a ação.** As equipes não são formadas para reunir e discutir; aquelas que o fazem são simplesmente sessões de bate-papo. Seu verdadeiro propósito é agir e produzir resultados. Deixe isso claro desde o início. Nas palavras de Katzenbach e Smith, em uma equipe orientada para a ação "todos fazem trabalho de verdade" e "todos recebem atribuições e as cumprem".[7]

Mais tarde examinaremos as questões gerenciais que cercam as normas de comportamento com mais detalhes. Mas sua implementação merece ser discutida aqui porque lidar com elas explicitamente é uma das chaves para fazer com que a equipe comece com o pé direito.

Quais devem ser as normas de comportamento de seu grupo? Isso depende do propósito do grupo e das personalidades de seus membros. Mas certamente qualquer conjunto eficaz de normas deve ser claro e conciso. Deve também incluir o fundamental: respeito por todos os membros do grupo, o compromisso de ouvir atentamente e uma compreensão sobre como verbalizar as preocupações e lidar com os conflitos.

Para garantir o livre fluxo de ideias, alguns grupos podem querer ir além — por exemplo, deixar explícito que todos têm o direito de discordar de qualquer outro membro. Eles também podem querer adotar diretrizes específicas que:

- deem apoio a quem assumir riscos calculados;
- estabeleçam procedimentos para reconhecer — e lidar com — o fracasso;
- fomentem a expressão individual;
- estimulem uma atitude alegre.

Quaisquer que sejam as normas adotadas por seu grupo, certifique-se de que todos os membros tenham participação em seu estabelecimento — e que todos concordem com a adesão a elas. A participação e aceitação dos membros evitarão muitos problemas futuros. Além disso, esteja ciente de que algumas vezes surgem normas de formas imprevistas, mesmo que as diretrizes sejam explicitamente discutidas no início do projeto da equipe. Por exemplo, se alguns egos são feridos durante as reuniões iniciais da equipe, você pode observar, em interações subsequentes, uma hostilidade sutil entre os ofendidos. Essa hostilidade provavelmente se manifestará por suposições maldosas, críticas, sarcasmo e outros comportamentos contraproducentes. Como líder ou membro de equipe, você deve desestimular essas atitudes e lembrar a todos que as normas esperadas são o respeito mútuo, a discussão aberta e o comportamento de colaboração.

Resumo

- Lance sua equipe com uma reunião de todos os envolvidos. Todos devem estar presentes, inclusive o patrocinador. Durante essa reunião, explique o termo de abertura. Destaque a importância das metas da equipe e como se coadunam com as metas maiores da organização.

- Cheguem ao acordo sobre como as decisões serão tomadas. A concordância nisso poupará um tempo valioso durante a vida da equipe e, se as pessoas perceberem que o processo de tomada de decisão é justo, haverá maior aceitação das decisões que são tomadas.

- Na fase de planejamento e cronograma, comece com objetivos claros e específicos. Depois fragmente esses objetivos em tarefas e subtarefas que possam ser administradas. Estime um tempo de conclusão para as tarefas e atribua-as a indivíduos mais capazes de fazer o trabalho.

- Quando estiver montando o cronograma, identifique os gargalos que podem tirar seu plano dos trilhos e depois pense em maneiras de acomodá-los ou eliminá-los.

- Saiba sempre como será o sucesso, depois elabore um conjunto de medidas de desempenho específicas que possam ajudar a registrou o progresso da equipe.

- Use um orçamento para controlar as atividades. Certifique-se desde o início de que o patrocinador forneceu um orçamento adequado para a tarefa. Se o orçamento for magro demais, talvez você tenha de negociar com o patrocinador, solicitando metas menos exigentes.

- Os mecanismos de integração ajudam a transformar um grupo de indivíduos em uma equipe de verdade. Reuniões agendadas regularmente, elos de comunicação, posicionamento físico e eventos sociais são mecanismos que você pode usar para formar a identificação da equipe, a coesão do grupo e a colaboração.

- Se possível, situe membros da equipe fisicamente próximos; assim, você criará oportunidades para interação e colaboração. Vá um passo além: forneça à equipe uma sala onde as pessoas possam se misturar, exibir protótipos, relatórios de pesquisa e trocar ideias.

- Você pode atenuar as incompatibilidades e extrair o máximo das diferenças pessoais criando normas de comportamento e conquistando sua aceitação. Comparecer às reuniões sem atrasos, concluir atribuições no cronograma, ajudar os colegas de equipe quando necessário, a crítica construtiva e o respeito pelos diferentes pontos de vista são exemplos de normas de comportamento positivas.

5

Desafios do gerenciamento de equipes

Onde os líderes importam

Principais tópicos abordados neste capítulo

- *Quatro papéis para os líderes de equipe*
- *Os benefícios da identidade de equipe e como criá-la*
- *Os perigos do* groupthink
- *O gerenciamento da criatividade da equipe*
- *Três passos para extrair o máximo dos conflitos*

ESTE CAPÍTULO SE volta para os desafios da gerência e da liderança que são exclusivos das equipes. Quer você seja um líder ou integrante de equipe, reconhecer tais desafios e saber como lidar com eles o tornará um colaborador e um colega de equipe melhor.

O papel do líder

Um dos desafios gerenciais mais singulares do trabalho em equipe é encontrado no papel do líder da equipe. Como explicamos anteriormente, o líder de equipe deve fazer muitas das tarefas do gerente tradicional: garantir que o trabalho seja adequadamente planejado e organizado, que permaneça nos trilhos e dentro do orçamento, que os resultados e problemas sejam relatados regularmente à autoridade superior — neste caso, o patrocinador — e assim por diante. O líder de equipe carrega um fardo mais pesado de responsabilidade pelos resultados do que os outros membros da equipe e deve se subordinar diretamente ao patrocinador. Os líderes devem estar à vontade e ser eficazes na realização desses deveres e aceitar a parte do leão da responsabilidade. Mas o dever tradicional de dirigir pessoas deve ser abordado de forma diferente, por dois motivos:

1. Muitas pessoas na equipe, se não a maioria delas, não têm um relacionamento de subordinação com o líder da equipe. O líder não é seu chefe, não

tem controle sobre a remuneração e pode até ser mais novo do que os membros da equipe. Considere este exemplo: quando Lew Veraldi criou a Equipe Taurus da Ford Motor Company no final dos anos 1970, seu círculo interno da equipe incluía o diretor de planejamento de produto do carro, o engenheiro chefe e o projetista chefe, e nenhum deles tinha uma relação de subordinação com o líder de equipe. A maioria desses membros essenciais tinha um cargo mais alto do que o do líder na hierarquia da empresa.[1]

2. A direção pelo líder de equipe é a antítese do trabalho colaborativo em equipe. Se o líder pretende dizer que fazer, como fazer e com que padrão, a abordagem da equipe ao trabalho é inútil. O líder de equipe não pode agir como chefe e ainda obter os benefícios da equipe.

Embora o líder de equipe não possa ser chefe, ele tem quatro importantes papéis — cada um deles crítico para o sucesso da equipe. Esses papéis são o de iniciador, modelo, negociador e *coach*. Vamos examinar cada um deles.

O líder como iniciador

O líder de equipe inicia a ação. Embora não diga o que as pessoas devem fazer, o líder eficaz chama a atenção para as medidas que devem ser tomadas para que as metas sejam atingidas. Um bom líder de equipe é bem posicionado para iniciar a ação porque em geral tem interesse em alguma parte do trabalho cotidiano da equipe, uma posição a partir da qual as ligações entre esse trabalho e os objetivos maiores do esforço podem ser mais prontamente observadas. Enquanto os membros estão profundamente envolvidos nas tarefas e na solução de problemas, o líder está em contato estreito com as expectativas do patrocinador, da alta gerência e dos interessados externos. Usando as evidências e os argumentos racionais, o líder estimula os integrantes a tomar as medidas necessárias para cumprir essas expectativas maiores. Esta é uma função importante, em particular quando essas expectativas estão em conflito com as expectativas pessoais de determinados membros da equipe. Considere este exemplo:

> *Carmen era líder de uma equipe encarregada de criar um novo plano para utilizar o espaço térreo do prédio de três andares da empresa. Seu chefe, o vice-presidente de operações, queria um plano que fizesse pleno uso do espaço disponível enquanto atendia às necessidades de todos os departamentos, cada um dos quais com um representante na equipe.*
>
> *No início, cada membro de equipe tinha interesse pessoal em cavar o maior espaço possível para seu próprio departamento, entrando numa competição em que o ganho do departamento resultaria em perda de outro. Assim, um por um, cada membro declarou um argumento em favor de seu departamento. Carmen reconheceu o potencial desastroso dessa abordagem e agiu rapidamente para impedi-la. Ela propôs que a equipe se afastasse do atual debate territorialista. "Nesta fase inicial", disse ela aos colegas, "devemos recuar um passo e procurar duas discussões diferentes. Primeira, precisamos concordar sobre os princípios segundo os quais nosso espaço limitado deve ser alocado. Por exemplo, será que o espaço deve ser dividido com base no número de funcionários, nas atividades, no orçamento ou em outra coisa do departamento? Segunda, precisamos procurar alternativas para o modo como usamos o térreo. É provável que outras organizações tenham encontrado maneiras melhores de usar o espaço de escritório. Talvez possamos aprender com elas por meio de* benchmarking*".*
>
> *Os membros da equipe não viram ameaça nessas sugestões e voltaram sua energia para a nova abordagem. Por fim, decidiram fazer o* benchmarking *de várias outras empresas para identificar as práticas de uso racional e alocação de espaço que podiam adotar.*

Nesse exemplo, Carmen foi uma iniciadora da ação. Ela não disse às pessoas o que deviam fazer nem ordenou que agissem. Em vez disso, ela usou um argumento lógico para conseguir que as pessoas passasem a atividades úteis.

O líder como modelo

Tanto os gerentes tradicionais como os líderes de equipe podem usar seu próprio comportamento como modelo para o comportamento e o desempenho de terceiros. A grande diferença é que os líderes de equipe devem depender muito de sua tática, uma vez que não podem usar promoções, remuneração e ameaças de demissão para influenciar os membros da equipe.

Na realidade, o comportamento modelo do líder de equipe é uma ferramenta poderosa. Estabelece um padrão ao qual os outros devem ascender, pelo menos para evitar a aparente ineficácia ou inferioridade. No exemplo de Carmen, a mudança de atenção de interesses estreitos e provincianos para princípios de melhores práticas teve um efeito salutar sobre o comportamento dos membros. A equipe afastou-se das rixas egoístas e considerou opções que beneficiariam a equipe e a empresa.

Os líderes podem servir de modelo para o comportamento da equipe de muitas maneiras diferentes. Se os membros da equipe precisassem sair do escritório e se encontrar com os clientes, um líder eficaz não os instruiria simplesmente a fazer isso. Ele começaria uma prática regular de ir até os clientes, criar grupos de foco nos clientes e assim por diante. Os membros da equipe seriam estimulados a participar. Em resumo, o líder serviria de modelo para um comportamento que tem impacto direto sobre o desempenho da equipe.

O líder como negociador

"Gostaria que Bill se juntasse a nossa equipe de melhoria de processo", disse o líder de equipe ao gerente de Bill. O gerente franziu a testa; Bill era um de seus melhores funcionários. "Fazer parte da equipe envolverá cerca de quatro horas de trabalho por semana", continuou o líder de equipe, "e isso incluirá as reuniões e atribuições da equipe".

Os gerentes não são muito receptivos a solicitações semelhantes a esta. A equipe tem metas, mas também as têm os gerentes que são solicitados a contribuir com funcionários qualificados e outros recursos; consentir com a solicitação do líder de equipe só pode tornar seu trabalho mais difícil. Os líderes de equipe eficazes reconhecem isso e usam habilidades de negociação para obter o que precisam. O patrocinador executivo pode facilitar o processo, deixando claro que as metas da equipe são importantes para a empresa e que espera a cooperação dos gerentes.

A melhor maneira de negociar com os fornecedores de recursos é contextualizar a situação de forma positiva. Os gerentes que são solicitados a ajudar podem ver a situação como uma proposição de soma zero, e assim os líderes de equipe com habilidades de negociação apresentarão solicitações que sejam mutuamente benéficas. Aqui está a diferença: uma negociação de soma zero (ou em que uma parte ganha e outra perde) ocorre quando as partes competem pela distribuição de uma soma fixa de valores e qualquer ganho de uma parte representa uma perda para a outra. A maioria dos gerentes, como o de Bill, de início vê a situação nesses termos. Ocorre uma negociação mutuamente benéfica (ou integrativa) quando ambas as partes reconhecem oportunidades de ganhos. Se você é um líder de equipe, poderá contextualizar suas negociações como boas para as duas partes se fizer o que se segue:

- Destacar as metas de nível mais alto da organização e como a ação bem-sucedida da equipe contribuirá para essas metas. Desta forma, ressaltará uma questão que explicamos antes neste livro — as metas do projeto devem ser importantes e alinhadas com as metas da organização.

- Destacar como a outra parte se beneficiará ajudando o projeto — por exemplo, indicando como o sucesso do projeto contribuirá para o sucesso da outra parte.

Para ser um negociador de sucesso, o líder de equipe deve parecer seguro e digno de confiança e os benefícios mútuos devem ser realistas.

O líder como *coach*

Um bom líder de equipe encontra maneiras de ajudar a equipe a se destacar. Na maioria dos casos, isso é realizado através da *coaching*. Em seu livro sobre trabalho em equipe, Richard Hackman declara que ajuda as equipes de três maneiras: primeira, melhorando o nível de esforço que cada membro aplica em seu trabalho; segunda, garantindo que o trabalho feito seja adequado; e, terceira, ajudando os membros a fazer o máximo com seus talentos.[2]

O *coaching* é uma atividade de mão dupla em que as partes dividem conhecimento e experiência para maximizar o potencial de um membro de equipe e o ajudam a realizar as metas comuns. É um esforço compartilhado em que a pessoa a passar pelo *coaching* participa ativamente e de boa vontade. Os bons líderes de equipe encontram oportunidades de *coaching* no curso dos negócios diários. O *coaching* pode ajudar os integrantes em muitas atividades de rotina, como fazer apresentações melhores, programar o trabalho, lidar com conflitos dentro da equipe, obter recursos externos, montar um orçamento, desenvolver habilidades ou até trabalhar com eficácia em um ambiente de equipe.

As oportunidades de preparação predominam especialmente nas equipes porque muitas habilidades necessárias aos integrantes são habilidades que eles não possuem, mas devem aprender à medida que se desenrola o projeto. Por exemplo, uma engenheira recrutada devido a suas capacidades técnicas pode de repente descobrir que deve preparar e apresentar um relatório de progresso ao patrocinador e à gerência sênior. Ela deve desenvolver habilidades de apresentação rapidamente — e o *coaching* realizado pelo líder é frequentemente a melhor solução.

Se você é um líder de equipe, você e um determinado membro podem concordar em formar uma relação de preparação quando os dois acreditam que trabalhar juntos levará a um desempenho melhor. Por meio do *coaching*, você pode ajudar o outro a:

• Reacender a motivação no projeto.

• Voltar aos trilhos, se tiver problemas de desempenho.

• Maximizar os pontos fortes pessoais — por exemplo, formar habilidades analíticas.

Gerenciamento versus coaching

Embora os gerentes frequentemente devam agir como *coaches*, o gerenciamento e o *coaching* são atividades muito diferentes, o que explica por que tantos gerentes acham o *coaching* difícil. Aqui estão as principais diferenças:

O gerenciamento se concentra em:	O *coaching* se concentra em:
• expor	• explorar
• dirigir	• facilitar
• autoridade	• parcerias
• necessidades imediatas	• melhoria de longo prazo
• busca um resultado específico	• estar aberto aos muitos resultados possíveis
• subordinados individuais	• encontrar e explorar complementaridades com os outros

• Superar obstáculos pessoais — por exemplo, reduzir o medo de lidar diretamente com um membro difícil da equipe.

- Alcançar novas habilidades e competências — por exemplo, aprender a fazer uma apresentação melhor.
- Preparar-se para novas responsabilidades — por exemplo, encarregar-se de uma força-tarefa temporária.
- Gerenciar a si mesmo de forma mais eficaz — por exemplo, melhorar as habilidades de gestão do tempo.

O bom *coaching* produz maior satisfação no emprego e maior motivação. Também melhora seu relacionamento de trabalho com os outros, facilitando muito seu trabalho como líder de equipe. Apenas lembre-se de que o *coaching* eficaz requer concordância mútua. O outro deve *querer* fazer melhor e deve *ser receptivo* a sua ajuda.

Observação: para uma abordagem sobre como fazer um *coaching* eficaz, ver Apêndice B.

Os líderes informais

Embora os pesquisadores tenham dado muita atenção ao papel dos líderes formais de equipe, muito menos se disse sobre os líderes informais, que fazem tanto para ajudar as equipes a atingir suas metas. Os líderes informais são os indivíduos a quem os outros se voltam naturalmente em busca de conselhos, segurança e orientação nas tarefas do dia a dia. Toda organização os tem, embora eles não tenham autoridade e não apareçam como parte da cadeia de comando nos organogramas.

A liderança informal, em alguns casos, é uma consequência da expertise técnica. Por exemplo, as pessoas em um grupo de trabalho procuram determinada pessoa para ter orientação porque esta tem a expertise que lhes falta. Ou o funcionário pode ter habilidades interpessoais excepcionais que estão ausentes em outros integrantes. Por exemplo, enquanto todos os outros estão satisfeitos em fazer seu trabalho e assumir as atribuições segundo a orientação, as pessoas no grupo procuram por um indivíduo — um líder informal — para mediar pequenos conflitos interpessoais e guiar a coordenação cotidiana.

Orquestrando pela liderança colaborativa

Poderia sua empresa operar sem um CEO? Poderia qualquer exército funcionar no campo se todos os generais batessem em retirada? Sua equipe seria eficaz se não tivesse um líder identificável?

A Orquestra de Câmara Orpheus de Nova York, cuja sede fica no Carnegie Hall, não tem regente. E no entanto, como outras orquestras, ela ensaia, apresenta e grava sua música, angariando prêmios e elogios do público por onde passa. Como pode ser assim? O segredo é que a Orpheus não é destituída de liderança. Em vez disso, a liderança é distribuída por meio de "liderança colaborativa". Em seu estudo dessa organização singular, os escritores Harvey Seiffer e Peter Economy destilaram oito princípios para a liderança colaborativa:

- Dê poder às pessoas que fazem o trabalho.
- Torne os indivíduos responsáveis pelo resultado e pela qualidade.
- Dê às pessoas regras claras.
- Compartilhe e faça um rodízio da liderança.
- Torne o trabalho em equipe horizontal.
- Aprenda a ouvir e aprenda a falar.
- Busque o consenso.
- Exiba um compromisso apaixonado com a missão.

Será que a liderança colaborativa funciona em sua organização — ou em sua equipe? Para descobrir, leia o livro.

Fonte: Harvey Seiffer e Peter Economy, *Leadership Ensemble* (Nova York: Times Books, 2001).

Se você é o líder formal de sua equipe, terá mais sucesso e seu trabalho sera mais fácil se você fizer o que se segue:

- Identifique os líderes informais em sua equipe. Você pode identificá-los por meio de seu comportamento e pela deferência que recebem dos outros.

- Garanta que os líderes informais entendam as metas da equipe, saibam por que elas são importantes e aceitem essas metas como deles próprios. Você pode fazer isso cultivando um bom relacionamento com essas pessoas e usando esse relacionamento para transmitir o quadro maior aos outros.

- Dê aos líderes informais amplas oportunidades de contribuir. Por exemplo, use os líderes informais para chefiar forças-tarefa temporárias, para organizar reuniões fora do local de trabalho e assim por diante.

Se você for um líder de equipe, não se surpreenda se os líderes informais tiverem mais influência do que você entre os outros membros. Não se chateie com isso e não se ressinta. Use a influência deles em proveito próprio.

Estimulando a identidade de equipe

Em seu papel de iniciador, o líder de equipe deve atacar a tarefa de criar uma identidade de equipe — a cola física que une as pessoas. Sem essa identidade, você não terá uma equipe.

Lembre-se da última vez em que você andou em um elevador lotado. É provável que quatro ou cinco pessoas o tenham cercado, na maioria completos estranhos. Duas delas provavelmente estavam tendo uma conversa particular; o resto devia estar olhando o indicador de andar ou os próprios sapatos — qualquer coisa que os impedisse de olhar nos olhos de seus colegas passageiros. Embora todos fossem na mesma direção e dividissem o mesmo espaço confinado, vocês certamente não eram uma equipe. Não havia vínculo nem senso de propósito comum entre as pessoas no elevador.

Em alguns aspectos, as equipes recém-formadas sofrem da mesma falta de identidade. Por um ou outro meio, cada membro é selecionado para trabalhar num projeto, mas até que tenham oportunidade de interagir, de discutir uma meta em comum ou de unir forças para atacar um problema, eles não são muito diferentes do grupo de estranhos que acabamos de descrever no elevador.

Os benefícios da identidade de equipe

Um dos desafios verdadeiramente importantes no gerenciamento de equipes é a tarefa de transformar um grupo de pessoas sem nenhuma ligação em uma equipe com uma identidade e um propósito comuns. Por que a identidade de equipe é importante? Por dois motivos. Primeiro, uma identidade de equipe estimula seus membros a se verem como mutuamente responsáveis pelos resultados — talvez o que mais colabore isoladamente para o desempenho da equipe. Esse senso de responsabilidade mútua elimina a atitude "eu fiz a minha parte", que enfraquece o desempenho. Quando se sentem mutuamente responsáveis pelos resultados, as pessoas procuram ajudar os colegas que estão pelejando ou ficam para trás. Os membros de fraco desempenho sentem a pressão dos colegas para fazer melhor. Esses são os tipos de comportamento que fizeram dos funcionários da Nucor Corporation siderúrgicos incrivelmente produtivos. Quando um problema ocorre com uma das muitas equipes de trabalho da Nucor, as pessoas não dizem "Isso não é problema meu" e depois sentam-se até que o problema seja resolvido. Elas se unem para que a produção não pare. Seus contracheques dependem disso. É o mesmo comportamento que insta as tripulações da Southwest Airlines e o pessoal de apoio a tentar pousar e decolar seus aviões com o menor atraso possível. Nos dois casos, as pessoas se sentem mutuamente responsáveis pelos resultados. Quando acontece um problema ou quando uma tarefa deve ser feita, elas não estão inclinadas a dizer "Isso não é trabalho meu".

A identidade de equipe e a responsabilidade mútua andam de mãos dadas. "Nenhum grupo consegue se tornar uma equipe antes de se sentir responsável como equipe", segundo Jon Katzenbach e Douglas Smith. Assim eles explicam: "Em sua essência, a responsabilidade de equipe trata de promessas sinceras que fazemos a nós mesmos e aos outros, promessas que sustentam dois aspectos fundamentais das equipes eficazes: o compromisso e a confiança."[3]

O segundo motivo importante para engendrar uma identidade de equipe é que ela evoca um nível mais elevado de compromisso e esforço dos membros. Os militares se referem a isso como coesão de pequenos grupos. Eles sabem que os soldados cujas identidades são profundamente relacionadas com suas unidades se associarão e terão um desempenho melhor enquanto confrontam os estresses do combate. Cada soldado sabe que não está sozinho, que é membro de um "grupo de irmãos" com interesse comum na sobrevivência e na vitória; nesse espírito, eles em geral tomam medidas heroicas para apoiar os outros, em alguns casos ao ponto de sacrificar a própria vida.

No contexto empresarial, a identidade de equipe se manifesta em uma disposição maior de colaborar, trocar informações, fazer um esforço maior, tomar decisões conjuntamente e colocar as metas da equipe acima das metas pessoais. Crie esse senso de identidade em sua equipe e o fardo da liderança de equipe será bem mais leve.

Fomentando a identidade de equipe

Obviamente, a identidade de equipe é importante. Mas como pode ser criada ou melhorada? Você deve saber parte da resposta por experiência própria. Se você fosse escoteiro, usaria um uniforme que o identificaria como membro do grupo e recitaria um juramento afirmando sua dedicação a um conjunto de valores adotado por seus companheiros escoteiros. Se você se tornasse punk, deixaria alegremente de lado seus Nikes e jeans em favor de couro preto, cabelo espigado e um *piercing* no nariz. Nos dois casos, os símbolos externos o identificam com um grupo e as coisas que representam. As equipes de trabalho tentam a mesma coisa com camisetas e bonés de equipe. Esses emblemas são úteis, mas minimamente. A identificação por meio de metas e valores comuns é muito mais poderosa.

A questão da identidade de equipe contém um paradoxo irritante: a diversidade que confere a verdadeira eficácia a muitas equipes pode frustrar a identidade de equipe. Como escreve Jeffrey Polzer: "As diferenças entre os membros de equipe são as origens de ideias, perspectivas e habilidades variadas que podem melhorar a capacidade da equipe de tomar boas decisões e realizar seu trabalho. Quando os componentes da tarefa em equipe são interdependentes, os membros precisam integrar seus esforços de trabalho diferenciados." Infelizmente, a diversidade pode agir como uma cunha, dificultando as interações sociais que ajudam os membros de equipe a integrar seu trabalho. Polzer continua: "Na verdade, as mesmas diferenças que dão às equipes o potencial para o desempenho superior podem dificultar o trabalho conjunto dos integrantes do grupo porque podem ser a origem de mal-entendidos, pressupostos diferentes, estereótipos, tendenciosidades ou rupturas relacionadas."[4]

São muitos os possíveis problemas associados com a diversidade. No nível da cultura, por exemplo, os membros americanos de uma equipe internacional de P&D podem achar irritante a formalidade de suas contrapartes alemãs. Da mesma forma, os alemães podem não apreciar a informalidade e a falta de deferência demonstrada por seus colegas americanos. Um alemão com um diploma avançado, por exemplo, em geral espera ser tratado como "doutor" e não como "E aí, Hans". Os dois contingentes da equipe provavelmente vão contar piada pelas costas de suas contrapartes — piadas que nunca contariam na cara do outro. A diversidade racial pode também criar na equipe mais tensão, se não de desconfiança e desconforto.

O desafio para os líderes de equipe é melhorar a identidade de equipe sem reprimir as valiosas idiossincrasias que tornam seus membros diferentes. Assim, o que você pode fazer para superar as consequências desfavoráveis da diversidade e fomentar a identidade de grupo? O mais importante é destacar as atividades e metas que tocam os valores e experiências individuais e os interesses pessoais. Por exemplo:

- Seja seletivo ao fazer o recrutamento. Traga pessoas que considerem as metas da equipe igualmente importantes e dignas. Essas pessoas estarão mais predispostas a se concentrar na realização das metas do que a pensar nas diferenças que existam na equipe.

- Envolva os membros em atividades que eles achem interessantes e valiosas. Isso também os manterá focalizados no que mais importa: os resultados.
- Descubra oportunidades para reconhecer as habilidades e contribuições de cada membro. Desse modo, tais pessoas se sentirão apreciadas, valorizadas e parte do grupo.
- Reconheça publicamente o valor das diferenças e como elas servem à meta comum.
- Crie oportunidades para que os membros se conheçam. Seja por meio de recreação fora do trabalho, almoços na sala da equipe ou outra coisa, dê às pessoas oportunidades de se conhecerem pessoalmente. Desse modo, elas poderão deixar de lado estereótipos (como, por exemplo, "É difícil trabalhar com esses engenheiros") e encontrarão bases para o trabalho colaborativo.
- Coloque as pessoas trabalhando juntas! Nada forma melhor a identidade de equipe do que trabalhar lado a lado.

Esteja particularmente atento aos novos membros. Eles tendem a se sentir deslocados no início. Se você já ingressou em um clube ou time esportivo cujos membros já se conheciam e desfrutavam de muitas experiências em comum, você conhece a sensação. Você era de fora — o esquisitão. Todos os frequentadores pareciam à vontade com os demais; você, o recém-chegado, sentia-se isolado — sem fazer parte do grupo.

Em uma equipe, os novos membros só contribuem plenamente quando têm conhecimento de seus colegas e aprendem a interagir e aplicar seus talentos. O líder e os membros podem encurtar esse período contraproducente fazendo com que o recém-chegado se sinta acolhido e envolvendo-o rapidamente nos projetos da equipe. Não espere que essa pessoa nova descubra como fazer isso sozinha. Se for adequado, planeje um pequeno evento social em torno de sua chegada.

No final, qualquer coisa que você fizer para fomentar a identidade de equipe resultará dividendos para o desempenho do grupo.

Protegendo-se contra o *groupthink*

Toda equipe coesa pode cair vítima de um padrão de pensamento chamado *groupthink*. E quanto mais coesa é a equipe, mais alto o risco. Irving Janus, o falecido psicólogo de Yale que cunhou o termo, definiu o *groupthink* com uma forma de pensar que as pessoas podem adotar quando são membros de um grupo coeso ou homogêneo; em particular, um grupo cujos membros procuram a unanimidade de pensamento ao ponto de não conseguirem considerar ideias alternativas. O *groupthink* difere do falso consenso descrito antes neste livro. Em uma situação de falso consenso, todos assentem em concordância sem verdadeiramente concordarem. As pessoas fazem isso (a) quando estão cansadas de questões controversas e querem passar a outra coisa ou (b) quando implicitamente indicam "Vou acompanhar você nesta questão, se você me apoiar em outra". O *groupthink*, por sua vez, é baseado num consenso verdadeiro.

O *groupthink* é a convergência de pensamento em torno de uma norma que todos no grupo acreditam ser a correta. Infelizmente, essa convergência é impelida menos pela objetividade do que por pressões sociais e psicológicas. Quando todos os membros se identificam fortemente com a equipe, eles podem destacar as semelhanças (enquanto reprimem as diferenças) e se esforçar por concordar uns com os outros. Desse modo, engendram a cooperação, o que é positivo, mas podem inadvertidamente reprimir o pensamento crítico e o debate. O impulso para o acordo e a unidade da equipe tem prioridade sobre a objetividade.

Os psicólogos há muito observaram como a opinião dentro dos grupos tende a convergir à medida que seus membros tornam-se cientes das opiniões dos colegas. Por exemplo, quando indagados separadamente sobre suas previsões de taxas de juros futuras, a opinião coletiva de economistas costuma gerar uma ampla gama de taxas. Uma vez que saibam o que seus colegas previram, porém, a gama milagrosamente tende a se estreitar, com mais previsões se aglomerando perto da média. Essa convergência é explicada pela relutância das pessoas — talvez devido a uma falta de autoconfiança — de fazer previsões que estejam em descompasso com a visão dos outros. Talvez você tenha observado o mesmo fenômeno nas reuniões de grupo a que compareceu.

A convergência de opinião é importante para as equipes, em especial com relação às metas, a como as decisões devem ser tomadas e às normas do comportamento de grupo. É difícil trabalhar com eficácia sem a concordância sobre tais questões. Mas a convergência que cresce para o *groupthink* é perigosa. A diversidade de opiniões dá lugar à homogeneidade, que cria uma ilusão de certeza. Os que "pensam diferente" podem até ser reeducados ou excluídos. Aqui estão alguns sintomas de *groupthink*:

- Prevalece a ilusão de invulnerabilidade.
- Os líderes são afastados ou protegidos de provas em contrário.
- Os membros aceitam os dados que confirmam e rejeitam os que não se coadunam com suas opiniões.
- As alternativas não são consideradas.
- As pessoas cujas opiniões estão em descompasso com a maioria são menosprezadas ou demonizadas.

Você reconhece alguns desses sintomas em sua equipe? Se reconhece, os líderes e membros devem tomar medidas para acolher uma diversidade de ideias ponderadas. Uma maneira de consegui-lo é fortalecer a equipe com pessoas inteligentes e respeitadas para que representem objetivamente as ideias e informações divergentes. A equipe deve examinar e registrar cada um de seus pressupostos fundamentais. Outra medida anti-*groupthink* é indicar uma pessoa respeitada e qualificada para fazer o papel de advogado do diabo. Essa pessoa contestará os pressupostos e conclusões da maioria. Também representará as opiniões divergentes e obrigará os outros integrantes a lidar com fatos e ideias que entram em conflito com os seus próprios.

Gerenciando a criatividade da equipe

A criatividade é um elemento importante na maior parte do trabalho em equipe. As equipes autogeridas devem pensar em maneiras de fazer o mesmo trabalho mais rápido, melhor e mais barato. E as equipes de projeto são criadas para lidar com problemas e oportunidades singulares — coisas que ficam fora do reino da prática de rotina. Os dois tipos de equipes se beneficiam da criatividade de seus integrantes.[5]

A maioria das pessoas acha que a criatividade é um fenômeno muito individual. A criatividade em geral é um ato individual, mas muitas inovações são fruto de grupos criativos. O transistor desenvolvido por cientistas na Bell Labs é um exemplo. Muitas inovações alcançadas por Thomas Edison e George Eastman foram também produto daqueles dois inventores reconhecidos *e* dos vários técnicos e engenheiros que trabalharam com eles. Os grupos sempre podem alcançar resultados criativos maiores do que os indivíduos que trabalham sozinhos, porque reúnem uma grande variedade de competências, *insights*, experiências e energia para o esforço. Mas, para auferir um resultado maior, os grupos devem ter a composição certa de estilos de pensamento e habilidades técnicas, o que, na maioria dos casos, significa uma diversidade de estilos e habilidades. Essa variedade tem vários benefícios:

- As diferenças individuais podem produzir um atrito criativo que inflama novas ideias.
- A diversidade de pensamento e perspectiva é uma salvaguarda contra o *groupthink*, isto é, a tendência de o pensamento individual convergir, por motivos sociais, para determinado ponto de vista.

• A diversidade de pensamento e habilidades dá mais oportunidades de desenvolvimento às boas ideias.

Os líderes de equipe precisam, portanto, considerar como as equipes serão formadas e como os indivíduos dentro dela se comunicarão.

Características paradoxais

A equipe criativa exibe características paradoxais. Mostra tendências de pensamento e ação que supomos ser mutuamente exclusivas ou contraditórias. Por exemplo, para fazer o melhor trabalho, uma equipe precisa de conhecimento profundo de temas relevantes para o problema que está tentando resolver e um domínio do processo envolvido. Mas, ao mesmo tempo, a equipe precisa de novas perspectivas que não sejam estorvadas pelo pensamento dominante ou pelas formas estabelecidas de fazer as coisas. Em geral chamado de "mente de principiante", esta é a perspectiva do recém-chegado: as pessoas que são curiosas, até brincalhonas, e estão dispostas a perguntar de tudo — mesmo que a pergunta pareça ingênua — porque não sabem que não sabem. Assim, reunir características contraditórias pode catalisar novas ideias.

A Tabela 5.1 relaciona várias características aparentemente contraditórias que um grupo deve ter para maximizar seu potencial criativo. Muitas pessoas pressupõem equivocadamente que a criatividade é uma função apenas dos elementos da coluna da esquerda na tabela: a mente do principiante, a liberdade, as brincadeiras e a improvisação. Mas é necessária uma mistura das colunas da esquerda *e* da direita. Esta combinação paradoxal é desnorteante e perturbadora para os gerentes que se sentem pouco à vontade em um ambiente que carece de um alto nível de ordem e atividade linear. Aceitar esse ambiente é o primeiro passo para o sucesso na gestão da criatividade.

TABELA 5.1
As características paradoxais de grupos criativos

Mente do principiante	Uma equipe precisa de perspectivas novas e inexperientes assim como de expertise qualificada. Trazer gente de fora em geral é uma forma útil de proporcionar o equilíbrio necessário de perspectiva.	**Experiência**
Liberdade	Uma equipe deve trabalhar dentro das limitações das necessidades reais da empresa — e alinhada com sua estratégia. Mas também precisa de amplitude — certa liberdade para determinar *como* alcançará a estratégia e abordará as necessidades da empresa.	**Disciplina**
Brincadeiras	A criatividade prospera na descontração, mas a empresa deve ser conduzida profissionalmente. Dê tempo e espaço para brincar, mas esclareça os momentos e lugares adequados.	**Profissionalismo**
Improvisação	Planeje seu projeto com cuidado, mas lembre-se de que os projetos nem sempre seguem como planejados. Estimule os membros da equipe a procurar por maneiras de transformar eventos inesperados em oportunidades. Mantenha os planos flexíveis o suficiente para incorporar as ideias novas ou aprimoradas.	**Planejamento**

Fonte: Harvard Business Essentials: Managing Creativity and Innovation (Boston: Harvard Business Scholl Press, 2003), 85.

Gerenciando o pensamento divergente e convergente

Sempre que você monta uma equipe em torno de uma tarefa e estimula seus membros a debater e planejar como essa tarefa deverá ser abordada, surgem dois tipos de pensamento: o divergente e o convergente. Nenhum dos dois é particularmente importante em um grupo de trabalho tradicional, onde o gerente pensa e planeja e os funcionários fazem o trabalho. Mas os dois são importantes em ambientes de equipe. Se você é líder de equipe, deve ser capaz de reconhecer e harmonizar esses dois tipos complementares de pensamento.

Como Dorothy Leonard e Walter Swap descreveram em seu livro sobre criatividade de grupo, o *pensamento divergente* representa o abandono de maneira conhecidas ou estabelecidas de ver e agir, permitindo que as pessoas vejam coisas antigas de novas maneiras.[6] As virtudes do pensamento divergente são intuitivamente evidentes. Se observarmos continuamente um objeto do mesmo ponto de vista e nas mesmas condições de iluminação, tendemos a ter uma impressão fixa — e limitada — desse objeto. Altere a iluminação ou o ângulo de visão, porém, e as percepções mudarão. Elas se tornarão mais completas — mais nuançadas. Ver as coisas de uma perspectiva desconhecida torna possível desenvolver *insights* e novas ideias. Mas seriam tais *insights* valiosos? É isso que o *pensamento convergente* procura responder. O pensamento convergente ajuda a canalizar os resultados do pensamento divergente em propostas concretas para a ação. À medida que são transmitidas aos outros, as ideias geradas pelo pensamento divergente são avaliadas para que se determine quais são genuinamente novas e merecem ser colocadas em prática. Isso é pensamento convergente e é um dos benefícios do trabalho em equipe. Sem pensamento convergente, a pessoa criativa que trabalha sozinha pode muito bem se ater a uma ideia que só consumirá tempo e recursos e não levará a parte alguma.

Ao passar do pensamento divergente para o convergente, uma equipe para de destacar o que é novo e começa a destacar o que é útil. A convergência estabelece limites, estreitando o campo de soluções dentro em dado conjunto de restrições. Como você determina essas restrições? A cultura, a missão, as prioridades e o conceito de alto nível de sua empresa e projeto contribuem para a resposta. Elas ajudam você a discernir as opções que estão por trás do escopo de seu projeto.

Aqui estão algumas perguntas que uma nova equipe de produto, por exemplo, pode fazer enquanto aplica o pensamento convergente a um leque de possíveis cursos de ação:

- Que funções são essenciais (da perspectiva do cliente) e quais são apenas boas de se ter?

- Que critérios são determinados pelos valores da empresa? Por exemplo, os grupos da Fisher-Price insistem em que seus novos brinquedos agradem às mães — uma vez que a maioria dos brinquedos é comprada pelas mães.
- Quais são as restrições de custo?
- Quais são as restrições de porte ou formato?
- Em que prazo o projeto deve ser concluído?
- De que maneira o produto ou serviço deve ser compatível com produtos ou serviços existentes?

Dicas para melhorar o pensamento convergente

Os grupos de trabalho em geral são tentados a convergir rapidamente no que parece ser a única melhor solução e emudecer qualquer dissensão. É trabalho do líder da equipe ou do gerente evitar as duas coisas. Considere estas sugestões:

- Insista em um período de incubação durante o qual as pessoas podem experimentar as várias opções. Algumas opções não parecerão tão promissoras depois que as pessoas pensaram nelas por uma ou duas semanas.
- Indique um advogado do diabo oficial para contestar todos os pressupostos associados com as opções preferidas do grupo.
- Garanta que a divergência será tolerada e protegida, e que quem divirja tenha liberdade de verbalizar as opiniões opostas. Caso contrário, o *groupthink* pode assumir o controle de decisões futuras.

Gerenciando o conflito

Como qualquer outro grupo de pessoas, as equipes apresentam oportunidades para o conflito. Na realidade, a diversidade de pensamento e habilidades reunidas nas equipes suscita o potencial para o conflito. Diferentes estilos de pensamento e disciplinas profissionais não necessariamente produzem harmonia. Por exemplo, os engenheiros em uma equipe de desenvolvimento de produto podem ficar impacientes com um especialista em finanças que está preocupado com o custo de suas propostas. "Esse cara não distingue uma chave de fenda de uma furadeira", reclamam eles entre si. "Ele está nos atrasando." Em outros casos, um grupo de membros de equipe pode ter um plano de reengenharia de processo que provoca uma forte oposição dos outros. "É loucura", reclamam eles ao líder da equipe. "Se fizermos isso, vamos piorar um processo que já é ruim... e desperdiçar tempo." Este tipo de conflito é lugar-comum e é esperado. Uma vez que não pode — e não deve — ser eliminado, a equipe deve aprender a administrar e extrair o máximo do conflito.

Para que o conflito deixe de ser uma força negativa e passe a ser uma força positiva, o gerente de projeto deve estimular os membros a se ouvirem, a se disporem a entender diferentes perspectivas e a questionarem objetivamente os pressupostos dos demais. Ao mesmo tempo, o gerente de projeto deve evitar que o conflito se torne pessoal ou que fique reprimido, o que faz fervilhar o ressentimento. Aqui estão três medidas para extrair o melhor dos conflitos:

1. **Crie um ambiente que estimule as pessoas a discutir questões difíceis.** O desacordo não forma nem produz resultados positivos quando as pessoas deixam de lidar com a origem do conflito. Algumas pessoas chamam essa questão de "o elefante na sala". Ele está ali, mas ninguém quer reconhecer sua presença nem falar dele. Deixe claro que você *quer* que sejam expostas as questões complicadas e que *qualquer um* pode apontar para um elefante.

2. **Facilite a discussão.** Como você lida com o elefante depois que ele foi identificado? Use as seguintes diretrizes:

- Primeiro, reconheça o problema, mesmo que só uma pessoa o tenha visto.
- Reforce as normas do grupo sobre como as pessoas concordaram em se tratar.
- Estimule a pessoa que identificou o elefante a ser específica.
- Mantenha a discussão impessoal. Não atribua culpas. Em vez disso, discuta *o que* está impedindo o progresso, e não *quem*.
- Se o problema envolve o comportamento de alguém, estimule a pessoa que identificou o problema a explicar como esse comportamento a afeta, em vez de fazer pressupostos sobre a motivação por trás do comportamento. Por exemplo, se alguém não está concluindo o trabalho a tempo, você pode dizer "Quando seu trabalho é entregue com atraso, nós somos incapazes de cumprir nossos prazos", e não "Eu sei que você não está lá muito animado com este produto".
- Se alguém não está dando a necessária liderança, você poderá dizer "Quando você não nos dá orientação nenhuma, temos que adivinhar o que quer. Se adivinharmos errado, perdemos um monte de tempo", e não "Parece que você não tem a menor ideia do que devemos fazer neste projeto".

3. Promova o encerramento do conflito discutindo o que pode ser feito.

- Saia das reuniões com sugestões concretas para melhoria, se não uma solução para o problema.
- Se o tema é sensível demais e as discussões não estão levando a lugar nenhum, adie sua reunião até uma data específica para que as pessoas possam se acalmar. Ou traga um facilitador.

Um exercício de redução de conflitos

Em muitos casos, a causa do conflito entre as pessoas ou grupos é a incapacidade de ouvir. Enquanto um lado está explicando seu ponto de vista e dispondo seus dados de apoio, o outro simplesmente espera por uma oportunidade de se intrometer e apresentar sua visão. Cada lado, na realidade, atropela o outro. A probabilidade de reduzir o conflito é quase sempre maior quando esse comportamento cessa e quando cada lado ouve com atenção e se esforça verdadeiramente por entender a posição do outro.

Aqui está um exercício de dramatização que sua equipe pode usar para promover a compreensão e reduzir o conflito. Se Jane é a porta-voz de um ponto de vista e Fred é seu crítico mais explícito, faça com que eles invertam os papéis. Peça que Fred articule a posição de Jane e peça a Jane para representar a oposição. Para desempenhar os novos papéis com eficácia, é claro, eles devem saber os detalhes — os mínimos detalhes que ignoraram até agora. Peça a cada um deles para se reunir com o outro e tentar internalizar os melhores argumentos e dados de apoio do outro. É possível que esse exercício não faça com que alguém mude de ideia, mas, se os participantes são imparciais, terminarão com um respeito maior pela posição do outro. Este respeito reduzirá o conflito e facilitará a solução que os dois lados possam apoiar.

Resumo

- Ser líder de equipe não é a mesma coisa que ser gerente. O líder de equipe em geral não pode ser o chefe. Em vez disso, deve produzir resultados agindo como iniciador, modelo, negociador e *coach*.
- A identidade de equipe une as pessoas e apoia um esforço mútuo maior. A identidade de equipe e a responsabilidade mútua andam de mãos dadas.
- Para fomentar a identidade de equipe, seja muito seletivo ao recrutar membros. Traga pessoas que considerem importantes e válidas as metas da equipe. Depois as envolva em atividades que elas achem interessantes e valiosas. Reconheça as habilidades e contribuições de cada integrante. Crie oportunidades para que os membros se conheçam pessoalmente.
- Evite o *groupthink*. Duas abordagens para fazer isso são (a) fortalecer a equipe com uma pessoa respeitada para representar objetivamente as ideias divergentes e (2) indicar um advogado do diabo para contestar os pressupostos e conclusões da maioria.
- Muitas inovações são produto do maior potencial humano de grupos criativos e de suas variadas competências, *insights* e experiências.
- Uma maneira de aproveitar o potencial criativo de uma equipe é unir estilos de pensamento e habilidades diversos.
- Para extrair o máximo da criatividade, o líder de equipe deve harmonizar os pensamentos divergente e convergente.
- O pensamento divergente representa um desprendimento das formas estabelecidas ou familiares, permitindo que as pessoas vejam e façam coisas antigas de uma nova maneira. O pensamento convergente ajuda a canalizar em propostas concretas de ação os resultados do pensamento divergente.

6

Operando como uma equipe

Colocando as ideias para funcionar

Principais tópicos abordados neste capítulo

- *Como conferir a colaboração e a troca de informações*
- *Como atenuar o conflito entre um indivíduo e a equipe*
- *O uso de marcos realizáveis para dar ritmo ao trabalho e motivar as pessoas*
- *A importância do aprendizado da equipe e como melhorá-lo*
- *Avaliação de desempenho — da equipe e de seus membros*

DEPOIS DE LANÇADA e quando seus membros partem para a ação, uma equipe precisa começar a se comportar como equipe — e com eficácia. Os membros naturalmente desenvolverão padrões de colaboração e interação, mas infelizmente podem não ser o que você espera ou deseja. Dependendo das pessoas envolvidas, os padrões da equipe podem ser muito produtivos ou improdutivos e revelarem dissensão. Cabe ao líder e aos membros monitorar esses padrões e intervir quando necessário para garantir que as pessoas estejam trabalhando juntas produtivamente e que os métodos de colaboração e interação as levem para suas metas e as mantenham no cronograma.

Este capítulo examina os principais aspectos das operações da equipe e como você pode fazer com que funcionem melhor.

A atenção aos processos da equipe

A certa altura, antes ou logo depois do lançamento, todas as tarefas exigidas da equipe terão sido identificadas, designadas aos integrantes adequados e sua conclusão aprazada. Esse primeiro trabalho de planejamento, atribuição e programação requer um boa capacidade de análise de metas. Ele apela às pessoas com habilidades de organização e mentalidade de solução de problemas. Representar todas as tarefas em um gráfico PERT ou de Gantt faz com que tudo pareça mais lógico — e até fácil. Infelizmente, falta algo nesses gráficos: *os processos da equipe.* E estes processos costumam ser os fatores mais importantes no trabalho em equipe. São a cola que mantém tudo unido.

Os processos da equipe podem ser definidos como colaboração e troca de informações entre os membros e os líderes. Podem ser eficazes ou disfuncionais. A colaboração e a troca de informações colocam a equipe na estrada para a consecução da meta. Se eles forem disfuncionais, nem o desempenho pessoal excelente poderá produzir o desempenho de equipe esperado pelo patrocinador e a organização. Se você é líder de equipe, é sua tarefa prestar muita atenção aos processos da equipe. Você deve determinar se eles estão funcionando bem ou mal. Se estiverem funcionando mal, você deve encontrar a causa do problema e abordá-lo com intervenções adequadas.

Comportamento colaborativo

Já viu um jogo de basquete em que um jogador faz um arremesso quase sempre que coloca as mãos na bola? Seus colegas de time passavam a bola sempre que estavam mal posicionados ou marcados de perto pelos adversários. Mas o "fominha" nunca passava, mesmo quando um colega estava a uma distância de arremesso melhor. Este é um tipo de comportamento não colaborativo que você precisa observar em sua equipe. Especificamente, verifique se os membros da equipe estão dividindo o trabalho ou se uma pessoa está tentando fazer tudo. Mesmo que esta *prima donna* tenha um desempenho elevado, seu comportamento desestimulará a participação dos outros e reduzirá o progresso geral. Observe também se há alguém, inclusive um líder de equipe, que

- pareça estar levando o crédito indevido pela realização da equipe;
- sempre está pressionando para ter uma parcela maior dos recursos da equipe;
- é reservado ou não está disposto a partilhar informações.

Esses comportamentos solaparão o compromisso dos outros e reduzirão a coesão da equipe, e todos na equipe têm a responsabilidade de alterá-lo. Você reconhecerá a colaboração saudável quando observar que os membros da equipe fazem o que se segue:

- colocam os interesses da equipe acima dos próprios;
- cedem parte de seu orçamento, tempo de laboratório ou outros recursos para os colegas que podem usar de forma mais eficaz.

Como ter conflitos saudáveis

Os gerentes inteligentes sabem que o conflito sobre questões é natural e até necessário. As equipes com pessoas que contestam o pensamento dos outros desenvolvem uma compreensão mais completa de suas escolhas, criam uma gama mais rica de opções e tomam decisões melhores. O desafio é manter o conflito construtivo — evitar que degenere ao nível de ataques interpessoais.

Com base na pesquisa que fizeram sobre a interação nos conflitos, a política e a velocidade da tomada de decisão dentro de equipes, Kathleen Eisenhardt, Jean Kahwajy e L.J. Bourgeois III deduziram seis táticas usadas no gerenciamento de equipes com alto desempenho:

1. Elas trabalham com mais informação, e não menos.
2. Desenvolvem alternativas múltiplas para enriquecer o debate.
3. Reúnem-se em torno das metas.
4. Esforçam-se por injetar humor no local de trabalho.
5. Mantêm uma estrutura de poder corporativo equilibrada.
6. Resolvem questões sem forçar um consenso.

As táticas 1 e 2 fazem com que as pessoas se concentrem nas questões em vez de nos aspectos pessoais. As táticas 3 e 4 contextualizam as decisões como colaborações que objetivam a realização da melhor solução possível para a organização. Por fim, as táticas 5 e 6 estabelecem um senso de justiça e equidade no processo. Se o conflito carecer deste senso de justiça, as pessoas não considerarão legítimas as decisões.

Fonte: Adaptado com permissão de Kathleen M. Eisenhardt, Jean L. Kahwajy e L.J. Bourgeois III, "How Management Teams Can Have a Good Fight", *Harvard Business Review*, julho-agosto de 1997, 77-85.

- mostram o desejo de dividir o crédito pelo sucesso;
- cedem horas extras a projetos da equipe;
- acomodam as diferenças e acertam cronogramas entre elas mesmas;
- evitam que o desacordo se torne pessoal.

O último item merece uma atenção especial porque a animosidade pessoal é um importante demolidor de equipes. Segundo o especialista Jeffrey Polzer, o conflito nas relações distrai as pessoas de seu trabalho e as leva a reduzir seu compromisso com a equipe e suas metas. "Algumas equipes não conseguem passar por uma reunião sem uma explosão de raiva, crítica aberta e ressentimentos", escreve ele. "Quando isso acontece, os membros da equipe podem reagir retirando-se do debate, tentando em vez disso preservar seu relacionamento, evitando o conflito."[1]

Se você observar esse tipo de conflito nas relações, tome medidas para impedi-lo. Faça o que for necessário para reunir as partes em rixa, examinar o conflito de forma objetiva e procurar uma solução. Se uma ou ambas as partes forem teimosas ou irredutíveis demais para resolver as coisas, pense em retirar essas pessoas da equipe.

Atenuando o conflito entre uma pessoa e a equipe

Em alguns casos, o comportamento de um membro da equipe causa dificuldades para a equipe ou um de seus integrantes. Esse comportamento pode assumir muitas formas. Considere estes exemplos hipotéticos:[2]

- Jason tem uma antipatia pessoal por Ernestine devido a alguma coisa que aconteceu antes de eles se tornarem membros da equipe. Ele manifesta sua antipatia discordando de qualquer proposta que Ernestine faça em uma reunião. A oposição implacável de Jason levou Ernestine a se tornar mais passiva nas reuniões, onde ela agora raras vezes fala.

- John é gerente da empresa há mais tempo do que Harold, o líder formal da equipe. Ele também ocupa uma posição hierárquica superior à de Harold, embora os dois trabalhem em departamentos diferentes. Seja por intenção ou pelo hábito de assumir o comando, John age como se fosse o chefe. De comportamento agressivo, ele toma o controle das reuniões da equipe insistindo em mudanças na agenda e dominando a conversa. John chegou a assumir a cabeceira da mesa de reuniões. Em outras ocasiões, ele liga para determinados membros da equipe com instruções sobre como gostaria que lidassem com as tarefas.

- Cynthia estava ansiosa por ingressar na equipe de transferência de escritórios devido a seu forte interesse em obter mais espaço eficiente para sua unidade de apoio às vendas, que atualmente está espremida em uma toca de salas desconectadas. O plano da empresa de se mudar para um novo prédio criou a possibilidade de corrigir essa situação. Infelizmente, Cynthia não tem agido como participante da equipe. Em vez disso, tem usado sua presença para fazer *lobby* pelos interesses de seu departamento. Ela recentemente deixou outros membros da equipe amedrontados ao correr à sala do diretor de operações para reclamar que a equipe não estava lhe dando o que ela precisava.

Cada uma dessas pessoas está em conflito com sua equipe e esse conflito sem dúvida tem um impacto negativo sobre o trabalho. Deve-se abordar cada uma delas — e quanto mais cedo, melhor.

Existem duas abordagens diferentes para lidar com as pessoas que provocam conflitos: pela discussão aberta em equipe ou por canais privados. Na abordagem da discussão em equipe, cada membro pode comentar a respeito do que gostam no comportamento dos outros, o comportamento que lhes causa problemas, como cada pessoa pode se comportar de forma diferente e o que a equipe precisa para que cada um tenha sucesso. Os membros da equipe se comprometem a mudar seu comportamento como resultado desse *feedback*. Tal abordagem requer tempo, a confiança substancial do grupo e as habilidades de facilitação para que tenha mais eficácia.

Na abordagem privada, um facilitador ou membro da equipe, cujo papel seja o de ajudar a manter as relações da equipe, reúne-se privadamente com a pessoa que demonstra problemas de comportamento. Nessa reunião, o facilitador:

- descreve o comportamento problemático;
- declara o impacto do comportamento;
- propõe um comportamento alternativo;
- descreve as consequências, se persistir o problema de comportamento.

Com qualquer uma das abordagens, é útil reservar um tempo para analisar o progresso e apoiar as tentativas da pessoa de mudar seu comportamento.

Compartilhando informações

Uma das falhas grandes e comuns na vida organizacional é a da troca de informações. Alguém sabe de algo que pode ajudar um colega mas não pensa em compartilhar a informação. Um departamento tem informações em seu banco de dados que, se combinadas com os dados mantidos por outro departamento, produziriam uma revelação. E no entanto, por descuido, sistemas de informações separados ou simplesmente um desejo de controlar as informações, os dados não são compartilhados. Em vez disso, são mantidos em bolsões distintos na organização e nem sempre circulam para as pessoas que podem usá-las. Em outros casos, as informações são deliberadamente sonegadas à equipe por departamentos que são hostis a suas metas ou que consideram os dados como sua propriedade e uma fonte de poder organizacional.

À medida que observar os processos da equipe, esteja atento à qualidade e à quantidade de informações que são compartilhadas. Faça a si mesmo as seguintes perguntas:

- Os membros da equipe estão dando voluntariamente todas as informações relevantes aos outros?
- Alguma coisa está sendo sonegada?
- A informação recebida é válida e oportuna?
- E quanto a outras unidades na organização — elas estão dando informações de que a equipe precisa para fazer seu trabalho?

A resposta a qualquer uma dessas perguntas deve incitar a ação pela equipe e sua liderança.

Um problema crônico no compartilhamento de informações organizacionais — e um problema que afeta os projetos da equipe — é o *silo de dados*. Refere-se à prática de manter bancos de dados separados em diferentes funções organizacionais. Por exemplo, o departamento de marketing e vendas pode ter um banco de dados de clientes que não pode ser acessado pelo pessoal de logística e fabricação. As equipes de projeto provavelmente serão incapazes de ter acesso às informações desse banco de dados. Os bancos de dados em silos são uma herança do início da tecnologia de informações. Se existirem em sua empresa, a equipe deve encontrar maneiras de ter acesso às informações de que precisa, talvez recrutando membros dos departamentos que mantêm as informações essenciais. Reformar o sistema de TI da empresa não é uma tarefa que você possa ou deva atacar, a não ser que esteja dentro do escopo do termo de abertura da equipe.

Conseguindo um pedaço de cada vez

Você já deve ter ouvido a pergunta: "Como se come um elefante?" Em geral é usada para provocar o raciocínio sobre o planejamento de grandes tarefas. Em princípio, a perspectiva de comer um elefante é esmagadora. Parece impossível. A resposta mais inteligente à pergunta é: primeiro corte-o em pedaços que possam ser comidos. Da mesma forma, dividir uma tarefa imensa em pedaços pequenos e administráveis dá às pessoas a esperança de que podem lidar com ela, desde que tenham tempo e recursos suficientes.

Já exploramos a tarefa de desconstruir metas da equipe em suas tarefas subjacentes, e de programação e atribuição dessas tarefas. É por esse processo que podem ser administradas as tarefas grandes e complicadas, e ele faz parte do trabalho de planejamento que deve acontecer nas primeiras fases do trabalho em equipe. O que não discutimos, porém, é como uma equipe pode usar tais pedaços de trabalho para continuar motivada na fase operacional.

Se você é líder de equipe, use como marco a conclusão de várias tarefas programadas no gráfico PERT ou de Gantt. Estas partes administráveis de seu projeto, na maioria dos casos, levarão menos de um mês para sua conclusão. (Ver Tabela 6.1 para um modelo de gráfico de Gantt.) Para manter as pessoas motivadas, faça com que parem de se preocupar com a enormidade do projeto e comecem a se concentrar em marcos mais imediatos. Depois encontre maneiras de comemorar esses marcos à medida que forem alcançados; isso ajudará as pessoas a se sentirem bem com o que conseguiram realizar e lhes dará energia para atacar a próxima tarefa. Aqui estão algumas sugestões para essas comemorações:

TABELA 6.1
Gráfico de Gantt de Projeto

Tarefa ou atividade	4/8-4/14	4/15-4/21	4/22-4/28	4/29-5/5	5/6-5/12	5/13-5/19	5/20-5/26
Instalar novos servidores							
Obter equipamento	■						
Implementar equipamento		■					
Testar equipamento		■	■				
Iniciar operação				■	■	■	
Repetir teste				■	■		
Desativar antigo equipamento						■	
Avaliar processo							■

Fonte: Harvard ManageMentor® sobre Gerenciamento de Projeto (Boston: Harvard Business School Publishing, 2002), 26.

- Um almoço de bufê na "sala de guerra" da equipe — pago pelo patrocinador da equipe, é claro.
- Um piquenique e um jogo com bola no parque do bairro.
- Uma festa na casa do líder de equipe.

Quanto maior a realização, maior a comemoração — e vice-versa.

Observação: Os apêndices no final deste livro contêm dois itens que podem ajudá-lo a operar sua equipe: "Relatório de progresso do projeto" e "Guia de solução de problemas da equipe". Você pode obter cópias por download gratuito do formulário de Relatório de Progresso do Projeto no site da Harvard Business Essentials, localizado em www.elearning.hbsp.org/businesstools.

Como manter os resultados da equipe no cronograma

Você tem problemas para manter nos trilhos os progressos de sua equipe? Ela não está respeitando o cronograma? Se for assim, aqui estão algumas coisas que você pode fazer:

- **Exija submissão.** Se as pessoas se comprometeram a obter resultados de acordo com um determinado cronograma, lembre-as da garantia que deram e de que devem se prender a ela.
- **Ofereça incentivos.** Se você tiver recursos, ofereça bonificações ou outros incentivos para a conclusão do trabalho no prazo.
- **Arregimente mais recursos.** Se for viável, desloque mais equipamento ou pessoal para as tarefas que estão em atraso.

Às vezes não é possível evitar que as tarefas atrasem em relação ao cronograma. Nesses casos, considere estas abordagens:

- **Renegocie.** Converse com as partes interessadas (o patrocinador e os membros atrasados da equipe) sobre aumentar o orçamento, ou ampliar o prazo do projeto ou de uma determinada parte dele.
- **Estreite o escopo dos objetivos da equipe.** Se não for possível estender o prazo de entrega dos produtos da equipe, negocie com o patrocinador os aspectos dos objetivos que não sejam críticos e poderiam ser eliminados.

Fonte: Harvard ManageMentor® sobre Gerenciamento de Projeto (Boston: Harvard Business School Publishing, 2002), 40.

O apoio do aprendizado de equipe

Os benefícios do trabalho em equipe em geral levam tempo. Por quê? Porque as pessoas têm de aprender a trabalhar juntas — e isso toma tempo, em especial quando as pessoas são reunidas a partir de diferentes departamentos. Se você jogou em uma equipe esportiva, deve saber como as pessoas ficam ineficazes e desajeitadas em seus primeiros treinos e as primeiras competições. Cada jogador aborda o jogo com um ritmo diferente. Ninguém sabe como os companheiros lidarão com as situações. Acontecem muitos erros e um monte de trapalhadas. A maior parte desses problemas desaparece à medida que as pessoas treinam juntas e enfrentam competidores no campo. Os colegas de equipe aprendem a trabalhar juntos.

Um grupo de pesquisadores acadêmicos confirmou o efeito do aprendizado de equipe em um estudo de jogadores da National Basketball Association, a NBA. Assim escreveram: "O conhecimento tácito do grupo é manifesto no aprendizado das nuances de jogar juntos. Essa é uma situação que depende do contexto que cada membro da equipe desenvolve sobre os detalhes de como os outros integrantes do time jogam basquete. O aprendizado deriva da experiência de jogar juntos." De acordo com esses pesquisadores, o conhecimento adquirido jogando em equipe permite que cada jogador preveja as ações dos companheiros na decisão de fração de segundo que caracteriza um contra-ataque rápido ou rebote defensivo.[3]

As equipes no local de trabalho também usam o aprendizado para desenvolver a coordenação interpessoal e as novas habilidades que as tornam mais eficazes. Para Richard Hackman: "Com o tempo, os integrantes passam a conhecer os pontos fortes e fracos dos outros e se tornam altamente qualificados na coordenação de suas atividades, prevendo os movimentos seguintes dos outros e iniciando reações adequadas, mesmo enquanto os movimentos estão acontecendo."[4] O líder de equipe sensato entende a importância de aprender e cria condições que fomentam a adaptação e o rápido aprendizado. Mas como isso pode ser feito?

A experiência nos diz que algumas equipes aprendem mais rápido do que outras. Por quê? Será que os líderes de equipe podem fazer alguma coisa para acelerar a taxa de aprendizado? Um estudo de 2001 de Amy Edmonton, Richard Bohmer e Gary Pisano tentou responder a essa última pergunta. Eles observaram 16 equipes de cirurgia cardíaca com o fim de determinar por que algumas aprenderam novos procedimentos cirúrgicos mais rápido do que outras. As equipes tinham complementos idênticos de cirurgiões, enfermeiras e anestesistas e tinham o mesmo objetivo: implementar uma forma nova e minimamente invasiva de cirurgia de peito aberto. Todavia algumas equipes foram muito mais velozes no aprendizado dos novos procedimentos. Algumas equipes extraíram uma quantidade desproporcional de aprendizado de cada experiência cirúrgica. Mas por quê? Os pesquisadores descobriam que o sucesso no aprendizado foi influenciado por três fatores:

1. Como as equipes eram reunidas (projeto de equipe). Lição: quando selecionar pessoas para a equipe, valorize quem estiver ansioso por aprender — e que aprenda rapidamente.
2. O que extraem de sua experiência. Lição: periodicamente, pergunte à equipe "O que podemos aprender com o que acabamos de fazer?"
3. Até que ponto os líderes de equipe administraram ativamente o esforço de aprendizado de equipe.[5] Lição: crie oportunidades para que as pessoas experimentem.

Como se tornar um líder que aprende

Não é difícil criar um ambiente que conduza ao aprendizado de equipe; mas isso requer um líder que aja rapidamente. Os psicólogos sociais mostraram que as pessoas observam atentamente seus supervisores em busca de dicas sobre como os membros da equipe devem se comportar. Essas impressões se formam cedo na vida de um grupo ou projeto. Para criar o tom correto, os líderes de equipe devem:

- **Ser acessíveis.** Para deixar claro que as opiniões dos outros são bem-vindas e valorizadas, o líder deve estar disponível, e não indiferente.
- **Peça informações.** Um clima de compartilhamento de informações pode ser reforçado por um pedido explícito do líder de equipe por contribuições dos membros.
- **Sirva como um "modelo de falibilidade".** Os líderes de equipe podem fomentar ainda mais um ambiente de aprendizado admitindo seus erros para a equipe. Um cirurgião em um [estudo sobre equipes de cirurgia cardíaca] explicitamente reconheceu suas deficiências. "Eles vão dizer 'Eu ferrei tudo. Minha avaliação foi ruim neste caso'", contou um membro da equipe. Isso indicou aos outros da equipe que os erros e preocupações podem ser discutidos sem medo ou punições.

Fonte: Amy Edmonton, Richard Bohmer e Gary Pisano, "Speeding Up Team Learning", *Harvard Business Review*, outubro de 2001, 10.

Não é de surpreender que o fator 3 — o papel da liderança — influencie muito os outros dois. As equipes que aprenderam rápido tinham líderes cirurgiões com uma participação ativa na seleção dos membros da equipe, procurando não só qualificações técnicas, mas uma capacidade de trabalhar bem com os outros e uma disposição de se manifestar com colegas de equipe de *status* mais elevado. Esses mesmos líderes insistiram em manter suas equipes intactas. As equipes que aprenderam mais lentamente trataram os colegas como intercambiáveis; entenderam que as qualificações médicas importavam, mas a experiência de trabalhar juntos, não.

O resultado deste estudo é de que se deve valorizar as pessoas que podem aprender e aprenderão com cada experiência.

Avaliação de desempenho

A avaliação de desempenho é uma parte necessária das operações da equipe. Como em qualquer outro tipo de trabalho que acontece ao longo de semanas, meses ou anos, o trabalho em equipe deve ser avaliado periodicamente — para identificar o que está dando certo e que trabalho não está cumprindo o cronograma ou saindo do rumo. Essas avaliações podem ser usadas para recompensar o sucesso e identificar pontos onde é necessária a intervenção do líder da equipe e de seus membros.

As medidas específicas de desempenho usadas na avaliação são necessariamente determinadas pelas metas da equipe. Podem ser a realização de tarefas planejadas da equipe ou metas da empresa, satisfação do cliente, custos de produção, qualidade do produto, prazo de entrega ou lucratividade. Na verdade, a avaliação de desempenho tradicional é com mais frequência orientada para resultados ou produtos. Mas, embora os resultados ainda sejam fundamentais, a *maneira* como a equipe chega a esses resultados é igualmente importante. Você pode chamar isso de "fatores de processo". Eles são particularmente importantes nas avaliações de desempenho intermediárias, quando *o modo como* a equipe trabalha conjuntamente é um previsor provável de seu sucesso ou fracasso. Os fatores de processo — individuais e de toda a equipe — incluem:

- compromisso com o trabalho da equipe;
- nível de participação individual e liderança individual;
- comunicação verbal e escrita dentro da equipe e em nome dela;
- colaboração;
- solução de conflitos;
- planejamento e estabelecimento de metas;
- tomada de decisão em que todos ganham;

- solução de problemas e aplicação de habilidades analíticas;
- nível de credibilidade e confiança;
- adesão a processos e procedimentos acordados;
- aplicação de habilidades de gerenciamento de projeto (isto é, orçamentação e criação de cronograma);
- formação e manutenção de relacionamentos interpessoais;
- disposição de mudar e assumir riscos;
- aprendizado individual e de equipe.

Métodos de avaliação

Depois que você determinou a base sobre a qual o desempenho será avaliado, pense um pouco no método. Existem muitas abordagens diferentes para medir o sucesso de sua equipe. Elas variam muito em complexidade, custo e tempo necessários. Considere um método mais elaborado para uma equipe cuja missão é extensa e terá um impacto significativo no desempenho da organização; para equipes com missões mais estreitas, os métodos mais simples costumam funcionar bem. Os métodos incluem:

- *Benchmarking* em relação a equipes similares em outras organizações. Isso pode ser dispendioso e consumir tempo — e pode não haver equipes comparáveis a ser encontradas.
- Avaliar o progresso da equipe em relação às metas e cronogramas originais. Este pode ser o padrão ouro, uma vez que as metas são o foco de todo o esforço da equipe. O cronograma pode ser menos importante, por dois motivos. Primeiro, a equipe pode se atrasar devido a fatores que estão fora de seu controle. Segundo, todo projeto de equipe é suscetível a surpresas e a descober-

ta de novas oportunidades. Prender demais as pessoas a um cronograma arbitrário, criado nas primeiras semanas de um projeto, desestimulará o grupo de seguir as oportunidades que descobrem no curso de seu trabalho.

- A observação da equipe por um consultor externo. Arregimentar a ajuda de uma parte neutra é uma boa maneira de obter uma avaliação objetiva. E, se tiver experiência na área da missão da equipe, o consultor estará apto a comparar seu desempenho com equipes semelhantes que trabalham em outros lugares (isto é, *benchmarking*).
- Estimular as discussões regulares e informais da equipe para avaliar seu funcionamento. Essas reuniões são perfeitamente adequadas para uma equipe de projeto de curta duração.
- Sessões de inquirição de projeto para identificar o que deu certo ou não e como esse aprendizado pode ajudar em projetos futuros. Tais oportunidades são uma forma excelente de avaliar o desempenho *e* ajudar os membros a enfrentar o que estão fazendo bem ou mal.

Avaliação de membros individuais da equipe

Os membros da equipe desempenham vários papéis — por exemplo, colaboradores individuais, integrantes da equipe, membros da organização maior. Assim, na análise do desempenho, é útil combinar pelo menos dois dos métodos que se seguem para abordar o desempenho em cada um desses papéis:

- **Análise dos colegas.** Os membros da equipe avaliam as colaborações dos outros.
- **Avaliação de satisfação dos clientes.** Clientes externos e internos avaliam o desempenho da equipe e o de cada um de seus membros.

- **Autoavaliação.** Cada membro de equipe avalia seu próprio desempenho.
- **Análise do líder de equipe.** Você, como líder ou supervisor de equipe, avalia o desempenho de cada membro.
- **Análise da gerência.** Os chefes ou gerentes de departamento dos líderes de equipe avaliam o desempenho individual e da equipe.

Nenhum desses métodos é perfeito, e é por isso que combinar os resultados de vários deles pode dar a você e aos membros da equipe uma leitura mais completa do desempenho.

Resumo

- Depois de lançar um esforço de equipe, preste muita atenção aos processos pelos quais os membros colaboram, compartilham informações e realizam o trabalho. Processos disfuncionais levarão a equipe a fracassar.
- Ao monitorar a colaboração, esteja atento a qualquer membro que tente tomar o crédito indevido pelo trabalho em equipe, que está sempre pressionando por uma parcela maior dos recursos ou que tenda a guardar segredos.
- Estimule os membros da equipe a dividir informações; estimule os departamentos que tenham dados importantes a compartilhar informações relevantes com a equipe.
- Se uma pessoa cria conflito com a equipe, existem duas abordagens para lidar com isso: a discussão aberta em equipe e a discussão por canais privados.
- Para manter em alta o ímpeto e a motivação, fragmente as tarefas em partes que possam ser administradas.
- Comemore cada marco à medida que for alcançado.

- As equipes aprendem a trabalhar melhor juntas. Apoie o aprendizado rápido (1) selecionando membros de equipe que estão ansiosos por aprender, (2) conseguindo que as pessoas se concentrem nas lições que aprendem com sua experiência e (3) dando oportunidades para que as pessoas experimentem.
- Seja um líder que aprende. Seja acessível, peça informações e admita seus erros.
- Quando avaliar o desempenho da equipe, não se concentre exclusivamente nos resultados, em particular nas primeiras fases. Dê igual atenção aos "fatores de processo".

7

A equipe virtual

Um desafio na colaboração

Principais tópicos abordados neste capítulo

- *O que pode ser ganho com as equipes virtuais — e por que elas podem ser de gerenciamento mais difícil*
- *A tecnologia disponível para as comunicações de uma equipe virtual*
- *Tomando decisões sobre tecnologia*
- *Como gerenciar os principais desafios de equipes virtuais: identidade de equipe, compromisso e colaboração*
- *O* coaching *da equipe virtual*

A EXPRESSÃO *EQUIPE virtual* refere-se a uma equipe que, na maior parte, está ligada por comunicações que não são diretas: e-mail, *voice mail*, telefone, *groupware*, videoconferência. Muitas equipes de hoje são virtuais em certa medida — isto é, incluem membros que estão fisicamente separados de seus colegas: funcionários de empresa em locais distantes, funcionários de parceiros aliados, um representante de um importante fornecedor, ou talvez um cliente importante. Algumas equipes são inteiramente virtuais; seus membros raras vezes se encontram pessoalmente. Todavia as equipes virtuais são equipes reais e muitas têm realizado muito bem suas missões. Este capítulo começa com os benefícios das equipes virtuais e passa em seguida aos desafios que elas apresentam aos líderes de equipe e seus membros.[1]

Benefícios e desafios

As equipes virtuais dão oportunidades substanciais às organizações nos setores público e privado. Com equipes virtuais trabalhando literalmente por todo o mundo, uma empresa pode ficar aberta 24 horas por dia. Seu pessoal de atendimento ao cliente pode responder às exigências dos clientes sem interrupções. Essas equipes são uma forma natural e conveniente de trabalhar estreitamente com os clientes. As equipes de projeto de produto também podem trabalhar 24 horas por dia. Por exemplo, na hora em que o expediente se encerra em Hamburgo, os integrantes alemães de uma equipe virtual podem passar o resultado do trabalho do dia a seus colegas americanos em Connecticut; estes começarão seu dia onde os alemães pararam, por fim passando o resultado de seu dia de trabalho a outro grupo em Sydney, na Austrália. Como corredores de provas de revezamento, esses membros de equipe passam o bastão adiante sem parar.

As equipes virtuais também tornam mais fácil reunir um grupo mais diverso de habilidades, experiências e conhecimento sobre os clientes, contatos de fornecimento e interesses que de outra forma não seria possível. Considere este exemplo:

> *Uma equipe de desenvolvimento de produto está trabalhando em um novo eletrodoméstico que objetiva o mercado mundial. Conforme o projeto, os membros da equipe situam-se na América do Norte, Europa e Ásia e são naturais destas regiões. Este arranjo fortalece a capacidade da equipe de reconhecer e acomodar as preferências e usos do produto por parte dos clientes e de incorporar os padrões de segurança e elétricos de diferentes países.*

A diversidade cultural representada nessa equipe virtual aumenta seu potencial para realizar grandes coisas — coisas que poderiam ser impossíveis se abordadas por uma equipe tradicional situada em uma única instalação de P&D.

As equipes virtuais representam muitos desafios aos líderes e seus membros. As pessoas que organizam estas equipes, como os líderes de equipes tradicionais, devem se preocupar com a clareza das metas, reunir o conjunto certo de habilidades, angariar o compromisso dos membros e assim por diante. Também devem garantir a colaboração e a troca de informações adequadas e criar recompensas que alinhem o esforço com as metas da equipe. Esses princípios da formação de equipes são essencialmente os mesmos. Então, qual é a diferença? Quais são os desafios únicos para a gerência e a eficácia da equipe?

As equipes virtuais apresentam dois desafios únicos. O primeiro é um problema de gerenciamento: como aplicar o que você sabe sobre gerenciamento de equipes a um trabalho virtual? O outro problema é tecnológico: de que ferramentas você precisa para manter conectados os membros da equipe, comunicando-se e colaborando? Vamos considerar primeiro as questões técnicas.

Tecnologia para equipe virtual

Uma equipe virtual depende da tecnologia. Você pode imaginar uma equipe internacional realizando alguma coisa numa era antes do e-mail, da internet e do serviço de telefonia? A tecnologia fornece as ligações pelas quais os participantes podem compartilhar ideias e informações, coordenar atividades e formar laços de confiança. Nem o líder, nem os membros precisam ser especialistas em tecnologia, mas devem estar preparados para usar ou aprender a tecnologia necessária para seu trabalho.

Alguma tecnologia básica é necessária para toda equipe virtual. Todos precisarão de telefones, e-mail, acesso à internet e, possivelmente, acesso a aparelhos de fax. Além dessas, outras tecnologias podem ajudar os membros da equipe a se comunicar e trabalhar juntos.

E-mail

Todos em uma equipe virtual precisam de um endereço de e-mail. Se você pretende depender muito de documentos anexados a e-mail, verifique as questões de compatibilidade e compressão com cada membro e estabeleça protocolos para seu uso. Todos na equipe devem saber quando, por que e a quem mandar e-mails. Seja claro sobre quem deve receber cópias e não exagere. Não deve haver necessidade de "cc" a todo mundo da lista da equipe a cada correspondência que você manda. Ninguém quer receber uma quantidade imensa de e-mails irrelevantes. Mas assegure-se de que todos estejam informados sobre as decisões que os afetam e de que as pessoas que precisam participar das decisões sejam consultadas.

O e-mail cria uma trilha de papelada virtual que pode ser importante mais à frente, se surgirem conflitos ou mal-entendidos.

Aumentar a segurança de e-mails

E-mails são úteis e ajudam a ganhar tempo, mas fique atento às seguintes questões:

1. E-mails, em geral, são lidos por mais pessoas do que o remetente pretendia. Um destinatário comumente encaminha um e-mail a muitos outros, sem pensar nas consequências de dividir essas informações.
2. Apagar e-mails de seu computador não os elimina. Hackers e praticantes de espionagem industrial têm programas capazes de recuperar mensagens deletadas e seus anexos. Portanto, não inclua informações pessoais ou confidenciais em um e-mail.

Sites de internet e intranet

A web mudou o modo como trabalha a equipe virtual. Um site de projeto pode substituir a sala de equipe. Usando navegadores que eles já têm, os membros podem ir a um site de projeto para rever os produtos publicados, verificar cronogramas e obter informações. Os sites de *intranet* — isto é, redes corporativas privadas que usam protocolos padrão da internet — podem funcionar da mesma maneira.

Uma sala de equipe virtual pode ser criada no web site do projeto usando quatro paredes, como as salas de equipe reais:

- **Parede do propósito.** Esta parede inclui o termo de abertura da equipe, as metas, tarefas, uma lista de produtos e resultados atuais.

- **Parede do pessoal.** Esta seção identifica os membros da equipe e declara seus papéis. Aqui os usuários podem encontrar quem está envolvido com aspectos diferentes do projeto. Se possível, anexe uma foto de cada membro da equipe e uma breve descrição de seu trabalho e expertise específicos. Colocar um rosto e um pouco de história com um nome cria uma importante dimensão para o trabalho da equipe virtual.

- **Parede da documentação.** Esta parte do site contém um cronograma das reuniões futuras e suas pautas. As minutas de reuniões passadas e quaisquer apresentações de reunião também podem ser guardadas aqui. Os membros podem usar esta parede para colocar seu trabalho para análise dos colegas. As análises e os comentários também podem ser publicados.

- **Parede da comunicação.** Esta seção contém links e informações que conectam todos da equipe.

Os web sites são ótimos ativos, mas requerem algum cultivo. Alguém deve monitorar e atualizar o site. Dependendo do escopo do projeto, esta tarefa importante pode até ser a contribuição total de alguém à equipe.

Groupware

O *groupware* descreve aplicativos de software que ajudam as pessoas a trabalhar juntas. Mais especificamente, o *groupware* é um software integrativo que permite que usuários operando de diferentes estações de trabalho se comuniquem concorrentemente. Os exemplos incluem o Livelink, Lotus Notes, Novell Groupwise, Oracle e outros.

O *groupware* é útil para equipes virtuais porque fornece acesso a bancos de dados e apoio para reuniões virtuais. Alguns *groupwares* podem ser usados para reuniões "ao vivo", em que as pessoas trabalham online e ao telefone ao mesmo tempo. Ele pode ser usado para e-mail, discussão em grupo e quadros de avisos. Permite acesso a bancos de dados compartilhados e aplicativos, calendários e cronogramas e bibliotecas de referência. Alguns pacotes incluem suporte para conferência de voz e quadros brancos eletrônicos.

Mas o *groupware* não é essencial. É mais barato criar um site na web para o grupo, ou intranet, do que comprar *groupware* para todos os participantes, porque os membros da equipe só vão precisar de um navegador. E você não terá de lidar com os problemas de compatibilidade que costumam acontecer com o *groupware*.

Acesso a banco de dados

Os bancos de dados contêm documentos e outras informações que são úteis para a equipe. Eles são acessíveis a partir de sites da web, de sites de intranet e por *groupware*. Os documentos em bancos de dados em geral contêm material sensível. Alguns membros de equipes virtuais podem ter permissão para alterar estes documentos, mas sua organização pode querer restringir essa capacidade. Por exemplo, integrantes de equipe que não sejam funcionários, como clientes ou fornecedores, podem ter acesso para ver documentos irrestritos, mas sem conseguir editá-los.

Aparelhos de fax

O aparelho de fax dedicado está obsoleto como forma de comunicação. Muitas de suas funções podem ser realizadas com mais facilidade por e-mail. Até documentos, recortes de publicações, fotos e assim por diante podem ser enviados como anexos de e-mail, se forem digitalizados. Mas uma vez que muitas pessoas não têm acesso fácil a scanners e a digitalização pode tomar tempo, os aparelhos de fax continuam a servir a um propósito útil.

Controle de alterações de texto

As equipes estão sempre gerando e submetendo relatórios. Uma vez que vários membros podem colaborar no desenvolvimento de um relatório, elas precisam de uma forma cômoda de incorporar mudanças em arquivos eletrônicos. É provável que os processadores de texto usados em sua organização tenham uma característica que permita que os usuários identifiquem mudanças feitas num documento. Poucas pessoas estão cientes dessa característica. Menos ainda têm alguma experiência com seu uso.

Aqui está como funciona o recurso de controle de alterações. O texto deletado é cruzado, mas ainda é visível na tela. O texto acrescentado recentemente fica colorido (com cores diferentes para diferentes revisores) e marcas nas margens facilitam a localização das alterações. Essa função proporciona uma forma rápida e precisa para muitas pessoas revisarem e contribuírem para um documento. E se um documento é salvo antes que as revisões sejam aceitas, os colaboradores terão um registro permanente do que foi alterado e de quem fez as alterações. Por exemplo:

Helen aceitou a tarefa de escrever um relatório do progresso de sua equipe. Maurice e Lynn concordaram em revisar seu rascunho e dar sugestões. Antes que os computadores fossem dominantes, Helen teria mandado seu rascunho como um documento de papel a seus colaboradores, que teriam riscado as palavras e expressões que não lhes agradassem e sugerido acréscimos nas margens. As cópias com emenda teriam sido devolvidas pelo correio ou por fax a Helen, que teria incorporado todas as alterações em um rascunho final.

Graças à função de controle de alterações de seu processador de texto, Helen pode fazer o trabalho mais rápido e com mais facilidade. Ela mandou seu rascunho como anexo de e-mail a Maurice com esta mensagem: "Por favor, indique que alterações são necessárias e depois encaminhe a Lynn para a revisão dela. Fique à vontade para acrescentar material onde for necessário. Cuide para usar a ferramenta de controlar alterações antes de começar a editar."

Quando receber o documento editado de seus colaboradores, Helen será capaz de ver todas as alterações e acréscimos. O trabalho de Maurice estará em vermelho e o de Lynn em azul. Se Helen encontrar uma mudança em azul com a qual não concordar, vai telefonar para Lynn para discutir suas diferenças.

Depois que todas as mudanças foram revisadas e discutidas com os colaboradores, Helen aceitará as alterações. Seu relatório terá então incorporado material dela e as melhorias feitas pelos colegas de equipe.

O recurso de controle de alterações de texto não resolve os problemas que andam de mãos dadas com o material escrito coletivamente, mas torna o processo de colaboração mais fácil.

Cuidado com os problemas de compatibilidade

Algumas pessoas acham que sua tecnologia é compatível porque estão usando o mesmo software e os mesmos computadores. Mas elas podem ter problemas inesperados para "abrir" arquivos comprimidos. E a compressão de arquivos é lugar-comum quando as pessoas estão mandando por e-mail arquivos grandes em PowerPoint e semelhantes. Faça testes para determinar se algum membro de sua equipe tem problemas de compatibilidade. Você pode precisar que todos os colegas instalem o mesmo programa de compressão de arquivos.

Tecnologia para reuniões

Há ocasiões em que os e-mails não servem — quando os membros da equipe simplesmente devem se reunir para conversar sobre seu trabalho. Em alguns casos, basta poder se comunicar verbalmente. Em outros, as pessoas também devem ser capazes de ver os outros ou os objetos físicos que os outros portam: uma pessoa que acaba de se juntar à equipe, um protótipo, ou quatro opções diferentes de cor para um novo produto. Às vezes, elas podem querer ver como um cliente adaptou um produto para torná-lo mais eficaz.

Conferência por telefone. A conferência por telefone é o meio mais rápido e mais fácil de a equipe virtual se comunicar verbalmente. Uma conferência por telefone em geral é necessária para analisar produtos essenciais, discutir estratégia e fazer um *brainstorming*. Existem muitos tipos de tecnologia, da conferência embutida nos sistemas telefônicos a conferências promovidas por provedores de serviço de comunicação.

Videoconferência. A videoconferência é outro canal de conectividade de projeto. Pode reunir as equipes sem desperdício de tempo ou dinheiro com refeições, viagens e acomodações. Os membros da equipe localizados em Londres, por exemplo, podem ver e interagir com os colegas em Roma sem sair de seus escritórios. Elas podem ver e discutir os mesmos objetos e documentos em tempo real. A videoconferência, porém, é complicada e exige a ajuda de pessoal com habilidades técnicas especializadas. Para o vídeo básico, os participantes precisam de computador, câmera, microfone, software e conexão à internet. Infelizmente, os sistemas de diferentes fornecedores nem sempre são compatíveis com diferentes computadores e assim, se sua equipe optar por vídeo, certifique-se de que todos tenham um sistema compatível.

A vantagem do visual sobre o áudio

Em seu valioso artigo "Distance Matters", Gary Olson e Judith Olson concluem que as tentativas de usar tecnologias de conexão fracassam ou exigem grandes esforços dos membros da equipe para se adaptar ao uso das tecnologias de mídia. Além dessa conclusão geral, eles observam que as conexões em vídeo são muito superiores às de áudio:

Nossos dados de laboratório mostram que até para as pessoas que se conhecem e já trabalharam juntas, uma simples conexão por áudio para conversar e um editor compartilhado para o trabalho em tempo real não é suficiente para produzir a mesma qualidade de trabalho feito cara a cara. Os que usam conexões por vídeo geraram um resultado indistinguível do que os produzidos por pessoas que se encontraram pessoalmente. O processo de seu trabalho mudou, porém, exigindo mais esclarecimento e mais supervisão gerencial (discussões sobre como conduzirão o trabalho, e não a realização do trabalho.)

Fonte: Gary M. Olson e Judith S. Olson, "Distance Matters", *Human Computer Interaction*, 15 (2000): 152.

Quadros brancos. Um quadro branco eletrônico possibilita que os membros da equipe vejam um desenho ou gráfico em seus PCs. Por exemplo, se um líder de equipe em Houston, no Texas, desenha um novo produto em um quadro branco eletrônico, o resto da equipe poderá ver a imagem em suas telas de computador. Se também estiverem conectados por teleconferência, eles poderão discutir o desenho e recomendar mudanças — e tudo isso em tempo real. Se você não consegue argumentar sem um pincel atômico na mão, pesquise as opções de conferência que incluam suporte a quadro branco.

Tomando decisões sobre tecnologia

O bom senso, o conhecimento combinado da equipe e a ajuda especializada de seu departamento de TI da organização podem auxiliá-lo a encontrar a tecnologia mais adequada para seus propósitos. Assim também as seguintes perguntas sobre quem, o que, quando e como:

- **Quem?** Quem está na equipe? Eles estão preparados para a tecnologia? Saber quem está na equipe e como se relacionam com a tecnologia lhe dará uma ideia realista do que você pode esperar que eles façam com a tecnologia e quanto tempo poderão levar para ganhar velocidade. Se os membros de sua equipe são novatos e não tendem particularmente a reservar tempo para se tornar mais aptos, limite-se ao simples e ao conhecido.

- **O quê?** O que você precisa fazer? Qual é a natureza do trabalho da equipe? Que software você usa atualmente? Que problemas de compatibilidade existem? Com que informações você trabalha agora? Qual é a plataforma de tecnologia mais comum na organização? Quais são suas necessidades de comunicação? Responder a essas perguntas o ajudará a planejar para a nova tecnologia ou para atualizações antes que o projeto esteja encaminhado.

- **Quando?** Para quando o projeto de sua equipe foi programado para começar e terminar? Adquirir e instalar nova tecnologia toma tempo e é necessário um tempo ainda maior para treinar o pessoal em seu uso.

- **Onde?** Onde você estará quando mandar ou receber informações? De onde os outros mandarão informações? Onde elas serão recebidas? Onde estão as informações de que você precisa? Identifique o fluxo desejado de informações — de onde vem e para onde deve ir. Responda a essas perguntas e você estará mais preparado para projetar um sistema de informações que seja adequado a suas necessidades.

Uma advertência sobre tecnologia de conectividade

As tecnologias de conectividade descritas neste capítulo podem ser exatamente o que sua equipe dispersa precisa para comunicar, coordenar e compartilhar ideias e informações. Mas se você tiver membros de equipe em países em desenvolvimento, pode ter um problema. Alguns desses países não têm provedores de serviço de internet confiáveis ou seguros. Outros carecem de serviço telefônico confiável. E muitos têm problemas com apagões na rede elétrica. Assim, antes de saltar a bordo de qualquer uma das mais recentes tecnologias de conectividade, considere as infraestruturas de apoio nos países onde se localizam os membros de sua equipe.

- **Como e quanto?** Como você pode usar melhor o que tem? Até que ponto sua necessidade é flexível? O quanto você pode gastar? Analise as possibilidades de usar o que já possui. Adaptar isso a suas necessidades provavelmente será um rumo mais barato e pode tornar o domínio da tecnologia mais fácil para os membros da equipe. Preveja as necessidades de tecnologia que podem surgir no curso do projeto. Determine até que ponto suas necessidades podem ser flexíveis e procure usar soluções de tecnologia hoje que possam ser adaptadas para suas necessidades futuras.

Gerenciando a equipe virtual

Gerenciar é o segundo maior desafio das equipes virtuais. Como observou uma equipe de pesquisadores, "persistem as diferenças no contexto físico local, fuso horário, cultura e linguagem".[2] Mesmo com a aplicação de tecnologia de conectividade, as preocupações fundamentais do gerenciamento da equipe — identidade de equipe, compromisso e colaboração — tornam-se ainda mais pronunciadas. Já discutimos estas questões neste livro. Elas precisam ser revistas, porém, no contexto da equipe virtual.

Identidade de equipe

As pessoas que se identificam com uma equipe ou um grupo em geral exibem os comportamentos que foram a pedra fundamental do sucesso da equipe; elas trabalham mais, colaboram mais plenamente e, em muitos casos, colocam os interesses da equipe acima dos próprios. A identidade com um grupo costuma seguir de mãos dadas com a confiança que, por sua vez, estimula a troca de informações e a colaboração.

A identidade de equipe não acontece naturalmente nas equipes virtuais, e por motivos óbvios. Se a equipe e seus membros estão longe dos olhos, também estão longe do coração. Nos piores casos, a equipe virtual é um agregado de estranhos com poucos laços sociais, se houver algum. Como você deve imaginar, é muito difícil desenvolver um senso de identidade com um grupo de pessoas que mal se veem. Mas aqui estão algumas coisas que você pode fazer:

- **Promova uma reunião de lançamento.** Se possível, reúna todos para esta reunião — mesmo que esta seja a única vez que eles se encontrem durante o projeto da equipe. Enquanto estiverem juntos, crie oportunidades para que os membros se conheçam pessoalmente. A ideia é criar a coesão de pequenos grupos. Se o grupo é pequeno, por exemplo, apresente cada membro e peça-lhe que diga alguma coisa sobre sua formação, suas habilidades especiais, interesses pessoais e assim por diante.

  Durante uma reunião de lançamento de um ou dois dias, designe pessoas a subgrupos, cada um deles encarregado de discutir um aspecto específico da tarefa. Faça um rodízio das pessoas nesses subgrupos para que todos tenham a oportunidade de se conhecer e trabalhar com todos os outros. No final de sua reunião de lançamento, tire uma foto do grupo e mande cópias a todos os participantes.

- **Estimule reuniões pessoais periódicas à medida que o trabalho progredir.** Se a equipe não estiver muito dispersa — e se o orçamento permitir —, reúna as pessoas novamente em situações-chave (por exemplo, quando o compromisso precisar ser renovado, quando vários novos membros se unirem à equipe, quando forem tomadas decisões importantes ou quando a fase seguinte do projeto precisar ser planejada e atribuída). Use a videoconferência, se não for viável promover reuniões físicas. Isso reforçará o vínculo do grupo que foi criado na reunião de lançamento. Se você não puder reunir a equipe toda, reúna subgrupos importantes.

- **Descubra ocasiões em que as pessoas possam se reunir.** Isso tende a ser difícil para as equipes que se espalham por continentes e fusos horários diferentes, então programe épocas de reunião regulares para teleconferências ou conversas pela internet e organize um processo para discutir as preocupações com o projeto. Isso ajudará os membros da equipe a se sentirem à vontade ao compartilhar pensamentos e promoverá uma abordagem de equipe em vez de estimular as pessoas a trabalharem individualmente.

  Uma advertência: se a sede da empresa fica nos Estados Unidos, não organize as coisas de modo que membros asiáticos ou australianos da equipe sempre devam receber telefonemas no meio da noite, durante o horário normal de trabalho nos EUA. Isso irritará seus parceiros do outro lado do globo e fará com que se sintam colegas de segunda classe. Distribua essa dificuldade igualmente.

- **Forma identidade de equipe em torno das metas.** Assim como as gotas de chuva se formam em torno da poeira atmosférica, a identidade de equipe precisa de algo sólido em torno do qual se formar. Você deve usar as metas da equipe para este fim.

Compromisso

O compromisso com a equipe e com suas metas é obrigatório para o sucesso. Se não tiverem compromisso, os membros alocarão sua energia e seu tempo a outras metas; só participarão na medida em que permitir sua agenda. As pessoas só se comprometerão com coisas que considerem importantes — ou projetos importantes de modo geral ou importante para suas carreiras.

A abordagem mais prática para obter compromisso em uma equipe virtual é ser muito seletivo com quem é convidado a ingressar na equipe. Dentro das limitações das habilidades necessárias, os líderes devem escolher pessoas que tenham interesses fortes e neutros nas metas da equipe, como neste exemplo:

Frank foi indicado para liderar uma equipe virtual com o fim de desenvolver padrões ecologicamente corretos para as embalagens de produtos da empresa. Seu chefe colocou a sugestão para ele desta forma: "Os tempos estão mudando, Frank. As pessoas estão começando a resistir ao excesso de embalagens, inclusive as nossas. Elas não estão interessadas em pagar por papelão e plástico que acabarão num aterro sanitário."

Enquanto Frank pensava nas pessoas certas para sua equipe, seus pensamentos se voltaram para Agnes, que realizava pesquisa de grupo de foco para o departamento de marketing. Ela entendia as pessoas que compravam os produtos da empresa. Melhor de tudo, Agnes era muito interessada em questões ambientais. Na realidade, ela certa vez estimulou o grupo de novos produtos a projetar materiais que não agredissem o ambiente para todos os produtos da empresa. "Alguns fabricantes estão fazendo isso", disse-lhes ela. "Estão economizando dinheiro e gerando boa vontade com seus clientes." Ela teria um forte compromisso natural com a meta da equipe.

Se você seguir esse exemplo, certifique-se de que as pessoas que convidar à equipe tragam alguma coisa além de um forte interesse pessoal nas metas da equipe. Elas também devem trazer habilidades importantes para o esforço.

Colaboração

Todo o sentido de uma equipe é conseguir que pessoas com capacidades complementares trabalhem *juntas* em tarefas importantes. É a união de habilidades complementares que dá às equipes o poder que falta aos grupos de trabalho tradicionais. Mas seria a colaboração possível entre membros de uma equipe virtual? Se assim for, qual é a base da colaboração e como pode ser estimulada?

Sim, a colaboração é possível. Aqui estão algumas dicas para conseguir mais dela:

- Crie oportunidades para a colaboração. Você pode fazer isso com as ferramentas de comunicação que descrevemos anteriormente. A comunicação lubrifica as rodas da colaboração.

- Reconheça e elogie o comportamento colaborativo, quando o vir. Divulgue o fato de que dois membros da equipe estão progredindo na apresentação da equipe à gerência. Anuncie por e-mail a pesquisa de mercado desenvolvida por Hal em Nova Orleans e Jennifer em Miami.

Controle a cultura

Se você estiver trabalhando com uma equipe virtual global, em especial com novos membros, controle a cultura. Como esses membros se sentem sobre as condições de trabalho, o horário, a autoridade e delegação, os padrões de comunicação (em especial o que é considerado educado ou não) e outras atividades determinadas pela cultura? Por exemplo, em alguns países, um gerente perde o respeito se não mantiver uma relação muito formal com os subordinados. Em outros países, a formalidade não é valorizada. O líder de equipe pego no meio dessas atitudes e costumes díspares deve reconhecê-los e lidar com cautela. Até o ato de elogiar alguém por um trabalho benfeito pode sair pela culatra de um líder de equipe que não está ciente das diferenças culturais. A ideia de destacar as pessoas para elogiar na frente dos outros é normal na América do Norte, mas é motivo de constrangimento e desconforto para o membro da equipe que por acaso vem de uma cultura que dá ênfase aos grupos.

Consiga as especificações certas

A comunicação costuma ser maior obstáculo para as equipes interculturais. Nem todo membro de equipe terá total domínio da língua em que as pessoas concordam em se comunicar. E isso pode levar a mal-entendidos.

Escrevendo em *Harvard Management Communications Letter*, Kim Ribbink descreve como um gerente de uma corporação americana reduziu a probabilidade de falhas de comunicação com trabalhadores técnicos para quem o inglês é uma segunda língua. Esse gerente implementou uma política sob a qual quaisquer especificações de projeto que ele atribua tenham "especificação reversa" de quem recebeu a atribuição. Em outras palavras, o funcionário escreverá as especificações da atribuição da forma como entende. Essas especificações são depois discutidas com o gerente para eliminar quaisquer conflitos ou mal-entendidos. Desta forma, todos têm clareza das exigências e que resultados devem advir daí.

Fonte: Kim Ribbink, "Seven Ways to Better Communicate in Today's Diverse Workplace", *Harvard Management Communication Letter*, novembro de 2002.

O horário normal de trabalho é outra questão importante. Como dissemos antes, seja respeitoso com o fato de que suas teleconferências podem obrigar membros da equipe de outros fusos horários a trabalhar ou tarde demais à noite ou ao amanhecer. Estas exigências seriam aceitáveis naquelas culturas? Será que esses membros aceitariam esse horário se tivessem de se prender a esse cronograma por um longo período de tempo? Que trabalho de fim de semana, de feriados e de horas extras as pessoas esperam fazer? Essas perguntas precisam ser cuidadosamente consideradas e discutidas com todos os membros de sua equipe.

A equipe intercultural também deve concordar em questões de linguagem e medidas. Em que língua (ou línguas) serão feitas as discussões e relatórios? Os orçamentos serão expressos em dólar americano, em euro ou em outra moeda? A equipe descreverá todas as especificações no sistema anglo-americano de polegadas, libras e onças ou nas medidas métricas mais amplamente aceitas?

O *coaching* da equipe que você não vê

Em uma equipe tradicional, o desempenho em geral pode ser melhorado por meio do *coaching*. E existem muitas oportunidades para fazer isso: um integrante não sabe como trabalhar com os outros; outro deve desenvolver uma apresentação em PowerPoint mas nunca usou o programa; outro ainda está tendo problemas para equilibrar seus deveres regulares no departamento com os deveres da equipe. Em cada caso, o líder de equipe deve fazer algum *coaching* — ou arregimentar outra pessoa qualificada para fazer o trabalho.

A equipe virtual tem oportunidades semelhantes de *coaching*, mas é mais difícil conseguir que o trabalho seja feito. Com membros espalhados em diferentes locais e por diferentes fusos horários, há menor disponibilidade para as comunicações exigidas para o *coaching* eficaz. O líder de equipe não pode simplesmente entrar no escritório da pessoa e demonstrar como usar um software de apresentação ou criar um relatório orçamentário.

Um pouco de análise dos cronogramas das pessoas e uma dose de planejamento, porém, podem superar esses problemas de distância. Os líderes de equipes virtuais podem, por exemplo, programar teleconferências semanais ou diárias para manter abertas as portas da comunicação. Eles podem estabelecer horários de interseção, quando as pessoas estarão disponíveis para trabalhar em equipe e em telefonemas — momentos que não infringem as obrigações dos membros fora da equipe. Assim, faça o que se segue:

- Informe às pessoas quando elas podem se falar por telefone.
- Faça com que os membros da equipe determinem um horário diário regular em que estejam disponíveis para o trabalho em equipe e a comunicação. (Pense em um meio-termo para diferentes fusos horários e hábitos de sono.)
- Faça com que o respeito ao horário de comunicação seja uma regra.

Todo problema de desempenho tem uma origem, e é tarefa do *coach* identificá-la. Se um membro da equipe está perdendo os prazos ou ficando para trás, por exemplo, entre em contato com a pessoa e pergunte por quê. Se as distrações estão se intrometendo, descubra a origem das distrações. Pergunte o que você pode fazer para ajudar. Se a pessoa parecer estar sobrecarregada por sua atribuição, fragmente a tarefa grande em tarefas menores e procure distribuir parte delas a outros membros da equipe que tenham tempo extra.

Dicas para que a equipe virtual tenha um bom começo

A importância da reunião de lançamento já foi mencionada. Aqui estão outras coisas que colocarão sua equipe virtual no caminho que leva ao sucesso.

- **Proporcione uma visão clara e metas viáveis desde o início.** Sem isso, uma equipe virtual rapidamente sairá dos trilhos. Como todas as equipes, uma equipe virtual deve examinar seus objetivos e fazer ajustes durante o curso de seu trabalho. Todavia ela deve gastar um tempo substancial no início planejando a visão e as metas.
- **Esclareça os papéis.** Todos os membros de equipe devem saber o que fazer. Uma equipe virtual não terá oportunidade de sucesso se os papéis não forem claramente definidos desde o início. Sem conferências junto ao bebedouro, conversas no corredor, almoços informais ou reuniões de cinco minutos que beneficiam uma equipe que se encontra no mesmo lugar, a equipe virtual tem menos oportunidades de responder à pergunta "Quem está fazendo o quê?".
- **Permaneça organizado.** O líder ou gerente de projeto deve criar um plano de trabalho e sustentar relacionamentos múltiplos de longa distância durante o projeto. Embora essas tarefas sejam exigidas de qual-

quer líder, é particularmente importante que um líder de equipe virtual seja organizado, porque a probabilidade de as coisas saírem dos trilhos é muito maior.

- **Seja claro nas questões-chave.** Todos na equipe devem participar em um processo que defina o que se segue:

  O que estamos fazendo e quando?

  Quem é responsável?

  Como fazemos isso?

  Como saberemos quando está terminado?

  Como nós (e os outros) monitoraremos o progresso e o desempenho?

  Como nós (e os outros) mediremos os resultados?

Resumo

- As equipes virtuais oferecem o potencial de trabalhar 24 horas por dia, aproveitar habilidades diversas e trazer muitas perspectivas variadas para um problema ou projeto.
- Como as equipes tradicionais, as equipes virtuais têm clareza sobre suas metas, reúnem o conjunto certo de habilidades, conquistam o compromisso de seus membros, desenvolvem uma identidade de equipe que seja associada com a responsabilidade mútua e apoiam os esforços da equipe com recompensas adequadas.
- As equipes virtuais apresentam dois desafios únicos: gerenciar a colaboração e o progresso de membros dispersos e manter os integrantes conectados e em comunicação uns com os outros.

- As tecnologias de comunicação podem ajudar as equipes virtuais a permanecerem conectadas. Estas incluem e-mail, fax, teleconferência, videoconferência, sites na Internet e *groupware*.
- Os sites são os locais ideais no ciberespaço para criar salas de equipes virtuais, bibliotecas de documentos e cronograma de reuniões.
- A identidade de equipe — uma questão importante para toda equipe — é ainda mais desafiadora nas equipes virtuais. Os líderes podem formar identidade de equipe promovendo reuniões de almoço e encontros pessoais periódicos, estabelecendo comunicações regulares e concentrando-se nas metas da equipe.
- Os líderes de equipe e seus membros devem ser particularmente sensíveis a diferenças culturais entre os integrantes.
- Como acontece com a equipe tradicional, o *coaching* pode melhorar o desempenho das equipes virtuais.

8

Tornando-se um participante da equipe

Sua atribuição mais importante

Principais tópicos abordados neste capítulo

- *Por que estar aberto a novas ideias pode produzir sinergia dentro da equipe*
- *Como formas diferentes de trabalho são esperadas dos participantes da equipe*
- *A procura de soluções alternativas*
- *Dicas para desenvolver relações de trabalho com pessoas de funções diferentes*
- *Como encontrar soluções em que todos saiam ganhando*
- *Por que você deve evitar equipes cujas metas não valorize muito*
- *Diretrizes para ser um colega de equipe confiável*
- *A importância de ser orientado para os resultados*

A FORÇA DO desempenho da equipe é proporcional à do desempenho de seus membros. No nível mínimo, o desempenho deve ser a soma dos esforços individuais dos integrantes e dos líderes de equipe. Em uma equipe de quatro pessoas, seria assim: 1 + 1 + 1 + 1 = 4. Algumas equipes infelizmente vivem uma "perda de processo", isto é, seu desempenho total é menor do que a soma de seus colaboradores individuais. Tais equipes são ineficientes e dissipam recursos.

Mas, quando as pessoas se comportam como participantes de equipe em vez de agirem isoladamente, o resultado coletivo aumenta como o que se segue: 1 + 1 + 1 + 1 = 5. Embora a equação não tenha sentido matematicamente, ela é possível pelos efeitos sinérgicos de reunir pessoas colaborativas com habilidades complementares. É o mesmo efeito sinérgico criado quando uma empresa com um novo e grande produto se funde com outra que tem um poderoso sistema de distribuição. Isoladamente, cada uma delas teria um desempenho mediano. Juntas, grandes coisas acontecem.

Sua equipe pode ter o benefício do mesmo desempenho sinérgico, mas só se seus membros se comportarem como participantes de uma equipe. O que significa ser participante de uma equipe? Um participante é comprometido, colaborativo e competente. Discutimos essas características em capítulos anteriores. Este capítulo sugere medidas específicas menos evidentes que você pode tomar para se tornar um melhor participante de equipe.

Esteja aberto a novas ideias

As equipes são miniaturas de sociedade em que se chocam correntes de pensamento de diferentes origens e disciplinas. O profissional de marketing em uma equipe de um banco para novos produtos e serviços, por exemplo, é orientado para fora por treinamento e hábito. Sempre que é proposto um novo serviço ou produto, ele automaticamente pensa em como os clientes atuais do banco reagiriam. "E quanto aos possíveis novos clientes?", pergunta ele. "Com este preço e características de produto, será que os clientes o perceberão como um bom valor? Como ele vai se comparar com os serviços de nossos concorrentes?" Sua mente está sempre no mundo externo de clientes, mercados e rivais nos negócios. Este pensamento é automático para uma pessoa com formação em marketing.

O especialista em finanças da equipe, por outro lado, imediatamente se concentrará em custos, receitas e lucratividade quando novos serviços forem discutidos. Ele pergunta: "Quais serão os custos fixos e variáveis de cada unidade de serviço que produzirmos? A estimativa de receita de cinco anos do marketing é conservadora ou otimista? Qual será o ponto de equilíbrio para a lucratividade?"

Por sua vez, a funcionária de operações da equipe está muito preocupada com os processos de trabalho por meio dos quais o novo serviço será produzido. "Qual seria a maneira mais eficiente de fornecer este serviço?", pondera ela. "Quanto tempo levaria para reunir e preparar o pessoal de que precisamos? Poderíamos acelerar o processo e reduzir a mão de obra por meio de software?"

Nesse exemplo, cada um dos três funcionários está trabalhando na mesma equipe de serviços financeiros. Cada um deles traz um conjunto diferente de conhecimento, experiência e preocupações para o empreendimento. E cada um deles está concentrado em um aspecto de um problema multifacetado. É bem possível que eles aparem as arestas de suas perspectivas e produzam um serviço bancário atraente e lucrativo. Isso pode acontecer. Mas pense um momento em como a probabilidade de sucesso seria maior se eles pudessem combinar sem tropeços suas perspectivas distintas. Por exemplo, se a funcionária de operações entendesse mais sobre as preferências dos clientes e mais sobre as preocupações do especialista em finanças, ela poderia desenvolver um *insight*:

> *Se a maioria dos clientes já tem conhecimento desse tipo de serviço financeiro e é mais provável que o adquira fora de nosso horário normal de trabalho, devemos providenciar o grosso dele através de self-service em nosso site de home banking. Isso transferiria nosso custo de principalmente variável para principalmente fixo, isto é, para desenvolvimento de software. Nosso ponto de equilíbrio para a lucratividade definitivamente aumentaria como consequência disso, mas depois que passarmos o ponto, a maior parte das receitas recairia diretamente na linha de lucratividade.*

A mistura de diferentes perspectivas e ideias demonstrada neste exemplo dá um verdadeiro poder às equipes. Você pode contribuir para esse poder sendo aberto a novas ideias e a diferentes formas de pensar. Experimente o seguinte:

- Faça um esforço genuíno para entender e respeitar os diferentes pontos de vista representados na equipe. Um deles pode conter uma mina de ouro oculta.

- Não se apresse em desprezar novas ideias. Em vez disso, adote uma posição de ceticismo científico. Peça às pessoas que apoiem suas ideias com informações e argumentos racionais. Por exemplo, em vez de dizer "Isso não ia dar certo", diga algo parecido com "Esta é uma ideia interessante, Fred, mas não entendo como poderia funcionar, dado o custo que essa abordagem poderia ter. Poderia explicar em mais detalhes e nos dizer sua estimativa de custo?".

Seguindo essas dicas, você será um melhor participante de equipe.

Esteja aberto a diferentes maneiras de trabalhar

A maioria de nós faz quase todo o trabalho em nossos departamentos. Esse trabalho precisa ser muito rotineiro depois de algum tempo. Os gerentes e consultores provavelmente passam muito tempo desenvolvendo uma rotina automática e esperam que nós a sigamos. As equipes de trabalho autogeridas também desenvolvem rotinas e se prendem a elas, fazendo melhorias incrementais aqui e ali.

Quando você é lançado numa equipe de projeto interfuncional, porém, desaparece sua forma rotineira de trabalhar. De repente, você está elaborando o trabalho a partir do zero e fazendo coisas que em geral não faz: planejando um projeto de quatro meses, trabalhando com pessoas em um orçamento, sendo designado a um papel novo e desconhecido, trabalhando estreitamente com pessoas de habilidades e experiências muito diferentes das suas. Se você for gerente, descobrirá que a sua voz é apenas uma entre muitas; a autoridade que você normalmente tem é agora compartilhada com os outros. Algumas pessoas acham esse tipo de mudança renovadora, mas muitas outras discordam. Para elas, o desvio da rotina e de padrões de trabalho cria tensão, ansiedade, desconforto e até medo.

Ser um bom participante de equipe exige que você desenvolva algum conforto com essas mudanças e com diferentes formas de trabalhar. Então, relaxe. Elas não vão matar você. Procure fazer o que se segue:

- Aborde novas maneiras de trabalhar com uma atitude positiva. Procure coisas que você possa aprender e que melhorarão seu desempenho quando você retornar a seu cargo regular. Pense em como o domínio desses novos métodos de trabalho o tornarão mais valioso e apto para o emprego.
- Seja receptivo a diferentes maneiras de atacar as tarefas da equipe, reconhecendo as melhores maneiras de trabalhar quando der com elas.
- Procure oportunidades de colaborar onde tal atitude produziria uma sinergia maior.

Compartilhe o que você tem

Segundo um velho ditado, daqueles a quem mais se deu mais é esperado. Então, quando se unir a uma equipe, esteja preparado para partilhar o que você tem e o que sabe — inclusive informações, experiência e *know-how* especializado. Você, afinal, foi selecionado para a equipe graças a suas habilidades e expertise. As pessoas naturalmente olharão para você quando procurarem estas qualidades únicas, assim como você olhará os outros para compartilhar as qualidades especiais deles. Esteja preparado para fazer isso por meio do que se segue:

- Ensinando — por exemplo, se você está familiarizado com o *groupware* que a equipe planeja usar, dê um curso para os colegas que nunca o usaram.
- Dando informações relevantes — se você é o responsável pelo marketing na equipe, revele o que seu departamento aprendeu sobre os clientes e concorrentes.

Procure alternativas

Há certo nível de confusão nos primeiros dias de um esforço de equipe. A equipe foi criada com um fim, mas os meios devem ser determinados por discussão. No curso dessa discussão, conjuntos alternativos de tarefas e rumos de ação costumam ser propostos e debatidos. A maioria das pessoas aborda esses debates com a compreensão de que elas devem apoiar uma ou outra alternativa. Não cometa esse erro. Use esse período inicial para expandir o conjunto de alternativas viáveis. Considere este exemplo:

> ***Andrea foi recrutada para uma equipe gerencial cuja meta era determinar como lidar melhor com um terreno de propriedade de sua empresa que é vizinho ao prédio da sede. Enquanto a gerência sênior contextualizava o problema, havia***

duas alternativas: (a) vender o terreno e (b) expandir o prédio para ele. A gerência queria que a equipe investigasse a melhor opção para a empresa.

O termo de abertura da equipe, como Andrea viu com clareza, não era escolher entre a e b, mas investigar a melhor opção para a empresa. Então ela rapidamente passou a expandir o conjunto de opiniões alternativas, pensando em construir no local, alugar o terreno e assim por diante. Cada uma das alternativas foi depois analisada para determinar qual delas representava o maior valor para a empresa.

Ao expandir o conjunto de alternativas, Andrea estava agindo como participante de equipe. Mas reconhecer as possibilidades disponíveis para a equipe é apenas metade da batalha. A análise objetiva de cada opção é a segunda metade. Em alguns casos, as características de diferentes alternativas podem ser combinadas em uma versão híbrida superior.

Desenvolva relações de trabalho com pessoas de diferentes funções

Pessoas treinadas em diferentes áreas de especialização nem sempre trabalham bem juntas — pelo menos, não no início. O professor Morten Hansen, da Harvard Business School, assinalou um "problema de química" que costuma impedir que as pessoas trabalhem com eficácia com as outras, mesmo quando sabem que a colaboração é essencial. Na opinião dele, esse problema costuma resultar de pessoas que não se conhecem e não têm experiência na colaboração com os outros. Ele cita um estudo de desempenho do lançamento de projetos de desenvolvimento de novos produtos em uma empresa de alta tecnologia que revelou que "os engenheiros de projeto que trabalharam com os engenheiros de outras divisões levaram um tempo de 20% a 30% maior para concluir seus projetos quando não tinham estabelecido um relacionamento pessoal. Os engenheiros acharam difícil articular, entender e absorver tecnologias complexas que eram transferidas entre as divisões quando eles não tinham aprendido de antemão a trabalhar juntos".[1] Felizmente, os antídotos para o problema citado por Hansen estão disponíveis:

- Traga um preparador de treinamento ou um facilitador. Eles são especializados no desenvolvimento de comportamento colaborativo em grupos.
- Procure conhecer cada membro de equipe com quem você terá contato. Procure conhecer essas pessoas no nível profissional e pessoal. Você não precisa gostar ou ser amigo delas, mas precisa entender como pensam e o que as motiva e envolver seu melhor trabalho. Depois que você estiver familiarizado, a comunicação entre vocês será mais fácil e mais eficaz.
- Se possível, reduza os riscos nas colaborações iniciais começando pelas tarefas menos complicadas. Você pode desenvolver uma química positiva com os outros simplesmente trabalhando em tarefas juntos. Passe para tarefas mais desafiadoras depois que a química estiver desenvolvida.

Procure soluções em que todos saiam ganhando

Ser um participante da equipe não significa que você tenha de ceder em questões que importam para você e deixar que os outros façam de seu próprio jeito. Um pouco de criatividade e boas habilidades de negociação podem corrigir uma situação de perde-ganha, convertendo-a em outra em que todas as partes fiquem satisfeitas.

Se você tiver mais de 50 anos, provavelmente se lembra da insistência de que não se pode ter alta qualidade e custo baixo ao mesmo tempo. Esta teoria acabou se provando falsa. O movimento pela qualidade que surgiu na década de 1970 mostrou ao mercado que alta qualidade e baixo custo não são mutuamente excludentes. Os dois valores podem ser capturados. Não é difícil encontrar situações análogas em ambientes de equipe, onde em geral estão em jogo interesses divergentes. As pessoas que não são participantes de equipe veem os debates como perde-ganha e tentam se posicionar no lado vencedor. Seu ganho, é claro, representa uma desvantagem para os colegas, criando ressentimento e solapando a colaboração futura. Os verdadeiros participantes de uma equipe abordam o conflito com mais cautela. Eles consideram os interesses de diferentes partes e tentam encontrar uma solução que crie valor para ambas.

Encontrar oportunidades para benefícios mútuos requer compartilhamento de informações. Ao contrário da mentalidade perde-ganha que estimula as pessoas a esconder as cartas na manga, uma mentalidade em que todos ganham estimula as pessoas a serem abertas, isto é,

• a dar informações importantes sobre suas circunstâncias;

• a falar de seus verdadeiros interesses;

• a revelar e explicar suas preferência entre as opções.

Rupturas como essas requerem confiança entre as diferentes partes. Se elas carecem dessa confiança, cada grupo teme que a revelação de qualquer informação importante será usada contra ele. A confiança nem sempre está presente no começo, mas cresce à medida que as pessoas se conhecem e desfrutam de algum sucesso trabalhando juntas.

Quando negociar com os outros, não sinta que você deve contemporizar em questões que sejam importantes para você. É fácil contemporizar, e isso alivia o impasse causado pela discordância. Porém as concessões em coisas que importam — qualidade, exigências dos clientes, projeto e assim por diante — também podem levar a resultados de segunda classe. Assim, em vez de encontrar um meio-termo a cada vez que você e seus colegas discordarem, procure *trade-offs* que satisfarão os interesses do outro lado *sem* ceder em questões que você considera muito importantes.

Só se una a equipes cujas metas valorize muito

Neste livro, citamos o compromisso como essencial para o sucesso da equipe. Cada membro — inclusive você — deve estar comprometido com as mesmas metas. É improvável que você vá congregar o verdadeiro compromisso, porém, se não considerar as metas da equipe particularmente valiosas. E se você não as considerar assim, encontrará desculpas para passar seu tempo em outros deveres. Você não será um bom participante da equipe. Por outro lado, se os valores da equipe e seus valores pessoais estiverem alinhados, você fará o que for preciso para que a equipe avance para seus objetivos. Como escreveu o autor John Maxwell: "Sempre que toma decisões com base em valores sólidos da vida, você está em melhores condições de sustentar seu nível de compromisso porque não tem de reavaliar continuamente sua importância (...). Um compromisso com algo em que você acredita é um compromisso mais fácil de manter."[2] Se estiver considerando se unir a uma equipe ou se alguém estiver tentando fazer com que você se apresente para uma equipe, tenha estas questões em mente:

- Considere seu nível de compromisso. Você será um participante de equipe incompleto se não estiver plenamente comprometido com as metas da equipe.
- Verifique seu nível de entusiasmo antes de ingressar na equipe. Se você não estiver entusiasmado, não dará tudo de si.

Seja um colega confiável

As pessoas gostam de trabalhar com colegas confiáveis. Pode-se acreditar que as pessoas confiáveis farão sua parte do trabalho, trabalharão bem e entregarão no prazo. Elas fazem o que dizem que vão fazer. Quando as coisas ficam complicadas, pode-se contar com sua ajuda. Para ser um parceiro confiável, siga estas diretrizes:

- Só faça promessas que você pretende cumprir.
- Jamais se comprometa com tarefas que não poderá concluir.
- Esteja preparado e chegue às reuniões no horário; termine o trabalho no prazo.
- Forneça apenas um bom trabalho.
- Que sua palavra seja sua sentença.
- Seja franco e objetivo quando as pessoas lhe pedirem uma avaliação.

Seja orientado para os resultados

Muitas equipes cometem o erro de se concentrar demais em treinamento, planejamento e preparação e de menos na geração de resultados. Aquelas atividades de fase inicial são importantes — até fundamentais. Mas elas não devem desviar a atenção do verdadeiro propósito da equipe: produzir resultados. Para a pesquisa de Robert Schaffer e Harvey Thomson, o treinamento, o planejamento e a preparação "são bons, parecem bons e permitem que os gerentes se sintam bem", mas depois de certo ponto não contribuem mais para o desempenho final.[3] Os pesquisadores citam o exemplo de uma grande empresa que, depois de três anos, apontou orgulhosamente para 48 equipes de melhoria, moral elevado e dois planos de melhoria de qualidade concluídos — mas absolutamente *nenhuma* melhoria de desempenho mensurável!

Alguns membros de equipe encontram satisfação em comparecer a reuniões, expressando suas opiniões sobre o que deve ser feito e desenvolvendo planos. Mas eles nunca estão por perto para fazer as coisas que produzem resultados tangíveis. Não seja esse tipo de participante de equipe. Sim, as reuniões e o planejamento são necessários, mas não deixe que se tornem seu foco. Concentre-se em vez disso em produzir resultados. Isso será mais fácil se você:

- Estabelecer uma série de metas de curto prazo e buscar sua realização uma por uma.
- Encerrar cada reunião com um conjunto de atribuições de ação — e depois concluir suas atribuições.
- Se sua equipe incluir membros que falam muito e pouco fazem, deixe-os em uma "saia justa". Se um deles sugerir "Alguém devia testar esta ideia sobre os clientes atuais e potenciais", dê esta resposta: "É uma boa ideia, em quanto tempo você pode completar o teste e nos dar os resultados?" Com sorte, eles sairão da equipe.

Você é um bom participante de equipe? É confiável e eficaz? Este capítulo identificou e explicou medidas que você pode tomar para se tornar o tipo de companheiro que os outros respeitarão e com quem procurarão trabalhar. Este livro cobriu todos os tópicos essenciais das equipes eficazes e do gerenciamento de equipes. Mas, no final, saber como se tornar um bom participante de equipe pode ser o que mais importa.

Resumo

- Se você quiser ser um participante de equipe, esteja aberto a novas ideias e diferentes maneiras de trabalhar. Aborde-as com uma atitude positiva.
- Compartilhe suas informações, sua experiência e seu *know-how* especializado.
- Não fique satisfeito com as opções ou cursos de ação óbvios que sua equipe enfrenta. Em vez disso, procure alternativas viáveis. Quando possível, combine as melhores características de várias opções e crie alternativas superiores.
- Quando trabalhar com novos colegas, procure começar pelas tarefas fáceis. Você pode desenvolver uma química positiva com os outros simplesmente trabalhando em tarefas juntos.

- O trabalho em equipe envolve negociação. Evite negociações do tipo perde-ganha em favor daquelas em que todas as partes possam obter valor. A confiança mútua e uma disposição de compartilhar informações e revelar seus interesses são a base para negociações em que todos ganham.

- É improvável que você congregue todo o compromisso verdadeiro se não considerar as metas da equipe particularmente valiosas.

- Se quiser ser um bom participante de equipe, seja um parceiro confiável. Só faça promessas que pretenda cumprir, seja ágil e forneça um bom trabalho no prazo.

- O processo de planejamento e a preparação são importantes, mas são subordinados aos resultados reais.

APÊNDICE A

Ferramentas de implementação úteis

Este apêndice contém várias ferramentas que podem ajudar você a ser mais eficaz na formação de uma equipe, na gestão de seu progresso e na abordagem de problemas típicos. Todos os formulários são adaptados de Harvard ManageMentor, um produto on-line da Harvard Business School Publishing. Para a conveniência dos leitores, versões para download dessas e de outras listas de verificação, planilhas e ferramentas podem ser encontradas no site da série Harvard Business Essentials: www.elearning.hbsp.org/businesstools. As quatro ferramentas encontradas neste apêndice incluem:

1. **Definindo seu Projeto (Figura A.1).** Este formulário o ajudará a descobrir as questões e parâmetros na essência de seu projeto.

2. **Planilha para a formação de uma equipe (Figura A.2).** Considere todos os aspectos de sua equipe — inclusive membros, habilidades e recursos — preenchendo este formulário.

3. **Lista de verificação para avaliar se um grupo é uma Equipe (Figura A.3).** Este formulário o ajudará a avaliar se um grupo que trabalha junto é na verdade uma equipe. Leia as perguntas e verifique suas respostas.

4. **Relatório de progresso de projeto (Figura A.4).** Você pode usar este formulário para reportar o progresso ao patrocinador e a outros interessados, inclusive os membros da equipe.

FIGURA A.1
Definindo seu projeto

O projeto "real"

Qual é a necessidade ou propósito percebido para o que estamos tentando fazer?

O que levou as pessoas a verem isto como um problema que precisa ser resolvido?

Que critérios as pessoas usarão para julgar este projeto um sucesso?

Os interessados

Quem tem interesse na solução ou no resultado?

Como diferem as metas dos vários interessados para o projeto?

Que funções ou pessoas as atividades ou resultados do projeto podem afetar?

Quem contribuirá com recursos (pessoal, espaço, ferramentas, dinheiro)?

Habilidades necessárias para o projeto

Habilidade necessária	Possível membro da equipe
1.	1.
2.	2.
3.	3.
4.	4.
5.	5.
6.	6.

Fonte: Harvard ManageMentor® sobre Gestão de Projeto (Boston: Harvard Business School Publishing, 1999).

FIGURA A.2

Planilha para a formação de uma equipe

Propósito da equipe

Atividades esperadas

Resultados pretendidos

Recursos disponíveis

Limitações

Habilidades e qualidades necessárias

Membros da equipe

Extensão da autoridade para tomada de decisões (por exemplo, recomendada ou implementada)

Duração

Fonte: Harvard ManageMentor® sobre Liderança de Equipes (Boston: Harvard Business School Publishing, 1998).

FIGURA A.3

Lista de verificação para avaliar se um grupo é uma equipe

1. O grupo é pequeno o bastante para reunir-se e comunicar-se com facilidade, para ter uma discussão aberta e interativa e entender os papéis e responsabilidades de seus membros?

2. Você tem níveis adequados de habilidades complementares em áreas técnicas ou funcionais, na solução de problemas e na tomada de decisão, e em capacidades interpessoais?

3. Você tem um propósito amplo e significativo com que estejam comprometidos todos os membros da equipe?

4. Você tem um conjunto de metas de desempenho com que todos concordem?

5. A abordagem para fazer o trabalho é clara e compartilhada, fazendo uso das habilidades de todos os membros da equipe?

6. Os membros da equipe se consideram, individual e conjuntamente, responsáveis pelas metas específicas?

Fonte: Harvard ManageMentor® sobre Liderança de Equipes (Boston: Harvard Business School Publishing, 1998).

FIGURA A.4
Relatório de Progresso de Projeto

Projeto: | **Para o período de:**
Preparado por: | **Para:**

***Status* atual**

Marcos para este período:

Realizados	A seguir

Principais questões ou problemas:

Resolvidos	Precisam de solução

Principais decisões:

Tomadas	Precisam ser tomadas	Por quem	Quando

***Status* do orçamento:**

Implicações

Anote as mudanças nos objetivos, prazos/datas de entrega, escopo do projeto e alocação de recursos (inclusive pessoal e financeiro).

Próximos passos

Liste as medidas específicas que serão tomadas para ajudar o projeto a avançar com sucesso. Coloque um nome e uma data ao lado de cada medida, se possível.

Passo	Pessoa responsável	Data

Comentários:

Fonte: Harvard ManageMentor® sobre Gestão de Projeto (Boston: Harvard Business School Publishing, 1999).

APÊNDICE B

Um guia para o coaching *eficaz*

O *coaching* é uma das colaborações que os líderes fazem às equipes. Seu objetivo é ajudar os outros a melhorar seu desempenho.

Comece pela observação

O primeiro passo para o *coaching* eficaz é entender a situação, as pessoas e as habilidades atuais. A melhor maneira de conquistar a compreensão é por observação direta. Sua meta deve ser identificar os pontos fortes e fracos e entender o impacto do comportamento sobre os colegas e sobre sua capacidade de realizar suas metas. Enquanto estiver observando, tenha os seguintes pontos em mente:

- **Aprenda o que a pessoa está fazendo bem ou não.** Tenha o máximo de precisão possível e procure chegar às causas dos problemas. Considere este exemplo:

  Depois de observar várias reuniões de equipe, o líder notou uma coisa em Harriet: ela interrompia os outros com frequência. Este comportamento parecia impedir que os outros expressassem suas opiniões. Uma pessoa menos observadora poderia ter dito "Harriet não é uma boa participante de equipe". Mas essa declaração genérica não teria isolado o problema específico de Harriet — um problema que pode ser tratado pelo coaching.

- **Evite julgamentos prematuros.** Uma ou duas observações podem dar uma impressão incompleta. Assim, continue observando, em particular se você tiver alguma dúvida sobre suas percepções.

- **Teste suas teorias.** Sempre que adequado, discuta a situação com colegas de confiança. Acrescente as observações deles às suas próprias.

- **Evite expectativas irreais.** Não aplique aos outros seu próprio padrão de comparação de desempenho. Você deve ter progredido em sua carreira estabelecendo altas expectativas e conseguindo um histórico de destaque. Supor que os outros tenham motivações ou pontos fortes idênticos é irreal e injusto.

- **Ouça com atenção.** Uma pessoa pode estar solicitando sua ajuda, mas é possível que você não esteja ouvindo. Pergunte a si mesmo "Será que desperdicei as oportunidades de ouvir?". As pessoas nem sempre sabem de que tipo de ajuda precisam ou exatamente como pedir por ela. Quando vir uma oportunidade, reserve tempo para ouvir atentamente os relatos pessoais.

Discuta suas observações com outra pessoa

Depois de ter determinado onde o *coaching* pode ser útil, entre em diálogo com a pessoa em questão. Mas prenda-se aos comportamentos observados. Por exemplo, comece dizendo "Estive observando que você frequentemente interrompe os outros durante as reuniões". Cite também o impacto do comportamento dessa pessoa sobre o grupo e os colegas. Por exemplo, você pode sugerir "Se eu estivesse no lugar de seus colegas, interpretaria seu hábito de interromper os outros como uma tentativa de dominar a reunião".

Quando descrever comportamentos e seu impacto, seja verdadeiro e franco, mas dê apoio. Deixe os motivos de fora da discussão; o contrário só fará com que a pessoa sinta que está sob ataque pessoal. De qualquer forma, os motivos seriam pura especulação de sua parte. Aqui está um exemplo de um motivo pressuposto: "Sua incapacidade de entregar os relatórios no prazo me diz que você não gosta desse tipo de trabalho."

Seja um ouvinte ativo

Como *coach*, você deve estar altamente sintonizado no outro. Você pode fazer isso *ouvindo ativamente*. Ouvir ativamente estimula a comunicação e coloca o outro à vontade. Um ouvinte ativo presta atenção ao orador ao fazer o que se segue:

- Olhando nos olhos.
- Sorrindo nos momentos adequados.
- Evitando distrações.
- Tomando notas somente se necessário.
- Sendo sensível à linguagem corporal.
- Ouvindo primeiro e avaliando depois.
- Jamais interrompendo, a não ser para pedir esclarecimentos.
- Indicando que está ouvindo ao repetir o que foi dito — por exemplo, "Então, se eu entendi bem, você está tendo problemas com..."

Faça as perguntas certas

Fazer as perguntas certas ajudará a entender o outro e determinar sua perspectiva. Existem questões abertas e fechadas. Cada uma delas gera uma resposta diferente.

As perguntas abertas convidam à participação e ao compartilhamento de ideias. Use-as para:

• Explorar alternativas: “O que aconteceria se...”

• Revelar atitudes ou necessidades: “Como você se sente com nosso progres so em relação ao prazo?”

• Estabelecer prioridades e permitir a elaboração: “Para você, quais são as questões mais importantes deste projeto?”

As perguntas fechadas levam a respostas do tipo sim ou não. Use-as para:

• Concentrar a resposta: “O projeto está no cronograma?”

• Confirmar o que o outro disse: “Então, seu grande problema é programar seu tempo?”

Quando quiser descobrir mais sobre as motivações e sentimentos do outro, use perguntas abertas. Por essa linha de inquirição, você pode revelar as opiniões e os pensamentos mais profundos que ele tenha sobre o problema. Isso, por sua vez, o ajudará a formular um conselho melhor.

Comece o *coaching*

Depois que entender a pessoa e a situação, você pode começar suas sessões de *coaching*.

Os *coaches* eficazes propõem ideias e conselhos de tal maneira que a pessoa que os recebe pode ouvi-los, responder a eles e considerar seu valor. É importante defender suas opiniões de uma forma clara e equilibrada.

• Descreva de forma neutra a situação do indivíduo.

• Declare sua opinião.

• Explicite os pensamentos por trás de sua opinião.

- Compartilhe suas experiências, se puderem ajudar.
- Estimule o outro a dar sua perspectiva.

Suas colaborações serão mais bem-sucedidas se você usar a inquirição e a defesa em suas comunicações. Depender demais da inquirição pode resultar na sonegação de informações importantes do participante. Por outro lado, se você destacar demais a defesa, criará um clima de controle que pode solapar a parceria do *coaching*.

Dê e receba *feedback*

Dar e receber *feedback* é uma parte fundamental do *coaching*. Este toma-lá-dá-cá percorre todo o processo de *coaching* enquanto vocês identificam questões a serem trabalhadas, desenvolvem planos de ação juntos e avaliam os resultados. Aqui estão algumas dicas para dar *feedback*:

- Concentre-se no comportamento — não na personalidade, nem nas atitudes.
- Descreva o comportamento do outro e seu impacto sobre os projetos e/ou os colegas de equipe, mas evite linguagem crítica que colocará a pessoa na defensiva. Por exemplo, em vez de dizer "Você é rude e controlador", diga "Você interrompeu Fred várias vezes durante as três últimas reuniões".
- Evite generalizações. Em vez de dizer "Você fez um trabalho muito bom", diga alguma coisa mais específica, como "As transparências que usou em sua apresentação transmitiram a mensagem com eficácia".
- Seja sincero. Dê *feedback* com a intenção clara de ajudar a pessoa a melhorar.
- Seja realista. Concentre-se nos fatores que o outro pode controlar.
- Dê *feedback* no início e com frequência no processo de *coaching*. O *feedback* frequente, fornecido logo depois do fato, é mais eficaz do que os infrequentes.

Você também precisa estar aberto a *feedback* sobre sua eficácia como *coach*. Os preparadores que são capazes de solicitar e processar *feedback* sobre si mesmos aprendem sobre a eficácia de seus estilos gerenciais e criam uma confiança maior. Para melhorar sua capacidade de receber *feedback*, peça informações específicas. Por exemplo, pergunte "O que eu disse que o fez pensar que eu não estava interessado em sua proposta?" ou "Como minhas sugestões foram úteis para você?".

Quando pedir esclarecimentos, faça de uma forma que não coloque o outro na defensiva. Em vez de dizer "O que você quis dizer quando falou que sou hostil a sua ideia?", diga "Poderia me dar um exemplo?". Além disso:

- Esteja disposto a receber *feedback* negativo e positivo.
- Estimule o outro a evitar termos emocionalmente carregados. Por exemplo, tente esta abordagem: "Você disse que costumo ser inflexível. Me dê um exemplo de coisas que eu faço que lhe dão a sensação de que não sou flexível."

E certifique-se de agradecer à pessoa pelo *feedback*, tanto o positivo quanto o negativo. Isso aumentará a confiança e servirá de modelo produtivo de comportamento para a pessoa que você está preparando.

Muitas organizações usam programas de *feedback* de 360 graus para incitar os membros de equipe a darem *feedback* sincero aos outros, e em especial ao líder da equipe. Este tipo de *feedback* pode aumentar a "congruência interpessoal", ou até que ponto as autoavaliações são congruentes com as avaliações dos outros — algo que dá apoio à eficácia da equipe.

Desenvolva um plano de ação

Algumas situações de *coaching* se beneficiam de um plano de ação. Uma situação em que uma pessoa deve aumentar seu desempenho até o padrão em certo período de tempo ou se arriscar à demissão é um exemplo claro.

Outro é quando você tem um excelente colega de equipe que quer se preparar para um cargo mais alto em alguns meses. Em cada caso, um plano garante uma atenção sistemática à melhoria do desempenho.

Um plano de ação deve ser escrito pela pessoa que está passando pelo *coaching* e deve descrever as mudanças específicas no comportamento ou as novas habilidades que a pessoa deve trabalhar. Como um plano eficaz, deve incluir um prazo e medidas de sucesso. Seu papel na criação do plano deve incluir:

- Garantir que as metas sejam realistas.
- Ajudar a pessoa a priorizar as tarefas necessárias para alcançar essas metas.
- Destacar possíveis obstáculos e fazer o *brainstorming* das possíveis soluções.
- Determinar que apoio de *coaching* ou treinamento adicional será necessário.

Trabalhem juntos nesses argumentos. Seu envolvimento demonstrará seu interesse no sucesso da pessoa e seu compromisso com o plano de ação.

Sempre faça o acompanhamento

O *coaching* eficaz inclui o acompanhamento que verifica o progresso e ajuda as pessoas a continuarem a melhorar. Seu acompanhamento pode incluir:

- Perguntar o que está dando certo e o que não está.
- Compartilhar suas observações e reforçar o progresso positivo.
- Procurar por oportunidades de preparação contínua e *feedback*.

- Identificar possíveis modificações no plano de ação.
- Perguntar no que a sessão de *coaching* foi útil e o que pode ser melhorado.

Se você for um gerente novo, ou novo no *coaching*, seus primeiros esforços podem parecer desagradáveis e podem não ser inteiramente eficazes. Lembre-se apenas de que você melhorará com a prática.

Fonte: Adaptado de Harvard ManageMentor® sobre Preparação.

APÊNDICE C

Guia de solução de problemas nas equipes

Problema	Comportamento característico	Experimente
Conflito prejudicial	• Ataques pessoais • Sarcasmo • Alguns membros se calam em discussões acaloradas • Diálogo argumentativo • Ausência de expressões de apoio à opinião dos outros • Gesticulação agressiva	• Interrompa os ataques pessoais ou o sarcasmo • Peça aos membros para descreverem o comportamento em vez de atacar a personalidade • Estimule todos os membros a expressar opiniões • Analise ou crie normas sobre a discussão de temas controversos
Problema para chegar a um consenso	• Posições sustentadas apesar de informações de terceiros • Mesmo argumento continua a ser repetido sem novas informações • Ninguém encerra formalmente a discussão	• Peça informações sobre os principais interesses e necessidades dos membros • Discuta as consequências de não se chegar a um consenso • Pergunte o que precisa acontecer para que se conclua a discussão
Equipe não está se comunicando bem	• Membros interrompem ou atropelam os outros • Alguns membros são excessivamente silenciosos • Os problemas são sugeridos mas nunca formalmente abordados • Membros pressupõem significados sem pedir esclarecimentos • Os sinais não verbais não correspondem ao que está sendo dito	• Analise ou crie normas de grupo para a discussão • Solicite ativamente a opinião de todos os membros • Peça rotineiramente aos membros para que sejam específicos e deem exemplos • Aborde os sinais não verbais que não se coadunam com o conteúdo verbal • Considere usar um facilitador externo

(cont.)

Problema	Comportamento característico	Experimente
Falta de progresso	• As reuniões parecem uma perda de tempo • Os itens de ação não são completados no prazo • Perguntas fechadas continuam a ser revistas	• Declare novamente a direção e avalie o que não foi realizado • Peça aos membros para identificarem as causas do atraso no trabalho e faça *brainstorming* das soluções • O líder deve desestimular a revisão de perguntas fechadas, lembrando a equipe de decisões anteriores e concentrando-se nos passos seguintes
Baixa participação	• As atribuições não são concluídas • Fraco comparecimento • Baixa energia nas reuniões	• Confirme que expectativas do líder por participação são compartilhadas por outros membros • Solicite a opinião dos membros sobre os motivos para o baixo envolvimento • Desenvolva um plano para abordar os motivos para a baixa participação • Avalie a aptidão dos membros para as tarefas da equipe
Metas obscuras	• Membro promove um resultado que entra em conflito com as metas da equipe • Membros da equipe capitulam rápido demais nas discussões • Equipe está gastando uma quantidade de tempo incomum discutindo ações que não estão alinhadas com as metas da equipe	• Lembre aos membros das metas da equipe durante cada reunião • Pergunte de que forma cada ação discutida contribuirá para as metas da equipe • Desconfie de acordos prematuros. Peça aos membros que façam o papel de "advogado do diabo" sobre questões com as quais todos concordem rapidamente
Liderança inepta	• Líder não solicita envolvimento suficiente dos membros da equipe • Líder faz todo o trabalho • Equipe fica para trás • Os conflitos tornam-se prejudiciais • Falta de visão • Perspectiva míope da liderança; representa uma área em vez de todos os integrantes	• Seja corajoso: reúna-se com o líder para expressar preocupações sobre deficiências percebidas de liderança • Pense em como você pode ajudar o líder a ser mais eficaz — por exemplo, oferecendo-se para tarefas adicionais • Se persistirem os problemas de liderança, expresse preocupações com o patrocinador

Problema	Comportamento característico	Experimente (cont.)
Falta de apoio da gerência	• Trabalho de equipe é rejeitado pela gerência • Gerência sênior expressa desconforto com o trabalho da equipe • Os recursos necessários não são providenciados	• Aconteceu um dos vários problemas que podiam ser evitados: • A equipe não tem um patrocinador adequado • O patrocinador não "assinou embaixo" das metas e recursos • O patrocinador da equipe e/ou outro interessado não foi adequadamente informado do progresso da equipe • Trabalhe com os patrocinadores para esclarecer o termo de abertura da equipe e os recursos
Falta de recursos	• As atribuições de "trabalho" da equipe não são acompanhadas de *trade-off* de responsabilidades do trabalho regular • Nenhum orçamento para material necessário ou participação externa	• Negocie *trade-offs* com o patrocinador e os supervisores dos membros • Negocie o orçamento • Se os patrocinadores e interessados não encontrarem tempo e recursos necessários, o sucesso da equipe é improvável; considere desfazer a equipe
Não sabem o que há de errado		• Entre em contato com os recursos humanos para pedir sua ajuda

Notas

Capítulo 1

1. J. Richard Hackman, *Leading Teams: Setting the Stage for Great Performances* (Boston: Harvard Business School Press, 2002), 41.
2. Ibid, 42-43.
3. Jeffrey T. Polzer, "Leading Teams", class note N9-403-094 (Boston: Harvard Business School, 2002), 3-5. Esta anotação de aula é baseada em pesquisa de Polzer e muitos outros estudiosos.

Capítulo 2

1. Jon R. Katzenbach e Douglas K. Smith. *The Wisdom of Teams: Crating the High-Performance Organization* (Boston: Harvard Business School Press, 1993).
2. J. Richard Hackman, *Leading Teams: Setting the Stage for Great Performances* (Boston: Harvard Business School Press, 2002).

Capítulo 3

1. Michael Wachter, *8 Lies of Teamwork* (Avon lake, OH: Corporate-*Impact*, 2002), 60.
2. Richard Leifer, Christopher McDermott, Gina Colarelli O'Connor, Lois Peters, Mark Rice e Robert Veryzer, *Radical Innovation: How Mature Companies Can Outsmart Upstarts* (Boston: Harvard Business School Press, 2000), 163.
3. Nicolau Maquiavel, *The Prince*, disponível em <http://www.bibliomania.com> (acessado em 19 de setembro de 2003), capítulo 6.

4. Bernard DeVoto, org., *The Journals of Lewis and Clark* (Boston: Houghton Mifflin Company, 1953), lii-liii.
5. Stephen E. Ambrose, *Undaunted Courage: Meriwether Lewis, Thomas Jefferson, and the Opening of the American West* (Nova York: Simon & Schuster, 1996), 117-118.
6. Gregory H. Watson, *Strategic Benchmarking: How to Rate Your Company's Performance against the World's Best* (Nova York: John Wiley & Sons, Inc., 1993), 114-115.
7. Jeffrey T. Polzer, "Leading Teams", class note N9-403-094 (Boston: Harvard Business School, 2002), 7.
8. Jon R. Katzenbach e Douglas Smith, "The Wisdom of Teams", *Harvard Business Review*, março-abril de 1993, 118.
9. ——, *The Wisdom of Teams: Creating the High-Performance Organization* (Boston: Harvard Business School Press, 1993), 62.
10. J. Richard Hackman, *Leading Teams: Setting the Stage for Great Performances* (Boston: Harvard Business School Press, 2002), 83
11. Ibid, 74.

Capítulo 4

1. Jon R. Katzenbach e Douglas Smith, "The Discipline of Teams", *Harvard Business Review*, março-abril de 1993, 118.
2. Michael Wachter, *8 Lies of Teamwork* (Avon Lake, OH: Corporate-*Impact*, 2002), 77.
3. J. Richard Hackman, *Leading Teams: Setting the Stage for Great Performances* (Boston: Harvard Business School Press, 2002), 87.
4. Ver Turid Horgen, Donald A. Schon, William L. Porter e Michael L. Joroff, *Excellence by Design: Transforming Workplace and Work Practice* (Nova York: John Wiley & Sons, Inc., 1998).
5. Thomas J. Allen, "Communication Networks in R&D Labs", *R&D Management* 1 (1971), 14-21.
6. Marc H. Meyer e Alvin P. Lehnerd, *The Power of Product Platforms: Building Value and Cost Leadership* (Nova York: Free Press, 1997), 137.
7. Katzenbach e Smith, "The Discipline of Teams", 118.

Capítulo 5

1. Gregory H. Watson, *Strategic Benchmarking: How to Rate Your Company's Performance against the World's Best* (Nova York: John Wiley & Sons, Inc., 1993), 113-117.
2. J. Richard Hackman, *Leading Teams: Setting the Stage for Great Performances* (Boston: Harvard Business School Press, 2002), 205.
3. Jon R. Katzenbach e Douglas Smith, "The Discipline of Teams", *Harvard Business Review*, março-abril de 1993, 116.
4. Jeffrey T. Polzer, "Leading Teams", class note N9-403-094 (Boston: Harvard Business School, 2002), 17-18.
5. Adaptado de Harvard ManageMentor® sobre Criatividade.
6. Dorothy Leonard e Walter Swap, *When Sparks Fly: Igniting Creativity in Groups* (Boston: Harvard Business School Press, 1999), 6.

Capítulo 6

1. Jeffrey T. Polzer, "Leading Teams", class note N9-403-094 (Boston: Harvard Business School, 2002), 15.
2. Esta seção é adaptada de Harvard ManageMentor® sobre Liderança de Equipes.
3. Shawn L. Berman, Jonathan Down e Charles W. L. Hill, "Tacit Knowledge As a Source of Competitive Advantage in the National Basketball Association", *Academy of Management Journal*, 45, nº1 (2000): 18.
4. J. Richard Hackman, *Leading Teams: Setting the Stage for Great Performances* (Boston: Harvard Business School Press, 2002), 27.
5. Amy Edmonton, Richard Bohmer e Gary Pisano, "Speeding Up Team Learning", *Harvard Business Review*, outubro de 2001, 6.

Capítulo 7

1. Este capítulo é adaptado de Harvard ManageMentor® sobre Equipes Virtuais.
2. Gary M. Olson e Judith S. Olson, "Distance Matters", *Human Computer Interactions*, 15 (2000): 141.

Capítulo 8

1. Morten Hansen, "FT summer School Day 4 — Knowledge Management", *Financial times*, 8 de agosto de 2002, 14.
2. John C. Maxwell, *The 17 Essential Qualities of a Team Player: Becoming the Kind of Person Every Team Wants* (Nashville: Thomas Nelson Publishers, 2002), 25.
3. Robert H. Schaffer e Harvey A. Thomson, "Successful Change Programs Begin with Results", *Harvard Business Review*, janeiro-fevereiro de 1992, 80-89.

Glossário

TERMO DE ABERTURA. Uma descrição concisa por escrito do trabalho pretendido pela equipe. O termo de abertura pode conter o nome do patrocinador, um prazo, uma descrição dos produtos, os benefícios para a empresa e um orçamento.

COACHING. Uma atividade de mão dupla em que as partes compartilham conhecimento e experiência para maximizar o potencial de um membro da equipe e ajudá-lo a realizar suas metas.

PENSAMENTO CONVERGENTE. Um modo de pensar que avalia ideias e determina quais são genuinamente novas e valem a pena seguir. Canaliza os resultados do pensamento divergente em propostas concretas de ação.

PENSAMENTO DIVERGENTE. Um modo de pensar em que uma pessoa ou grupo se afasta das formas familiares ou estabelecidas de ver e fazer e encara coisas antigas de novas maneiras.

FACILITADOR. Aplicado ao trabalho em equipe, uma pessoa com treinamento especial para ajudar os outros a se comunicarem e colaborarem. Os facilitadores são em geral consultores externos. Eles não se envolvem com as tarefas da equipe, mas dão conselhos técnicos especializados ou ajuda.

CARONAS. Integrantes que obtêm os benefícios da participação nas equipes sem fazer sua parte.

GROUPWARE. Aplicativo de software que ajuda as pessoas a trabalharem juntas.

HABILIDADE INTERPESSOAL. Capacidade de trabalhar com eficácia e harmonia com os outros e se envolver no debate construtivo.

HABILIDADE ORGANIZACIONAL. Capacidade de se comunicar e compartilhar recursos com outras unidades da empresa.

GESTÃO DE PROJETO. Um processo de supervisionar um esforço concentrado e orientado para a meta do começo ao fim, envolvendo a alocação de pessoal e recursos, coordenação de atividades e gastos com recursos e monitoramento do desempenho. Um projeto típico tem quatro fases: planejamento, desenvolvimento, implementação e encerramento.

PLANO DE PROJETO. Um termo de abertura da equipe, mas com mais detalhes sobre as tarefas, os marcos, produtos, riscos e prazos.

EQUIPE DE PROJETO. Uma equipe organizada em torno de tarefas não rotineiras de duração limitada.

EQUIPE DE TRABALHO AUTOGERIDA. Um pequeno grupo de pessoas que tem "empoderamento" para lidar com uma determinada tarefa contínua. Em muitos casos, a equipe seleciona seu líder e novos membros e pode até ter autoridade para dispensar membros que não correspondem aos padrões da equipe.

EQUIPE. Um pequeno número de pessoas com habilidades complementares que estão comprometidas com uma meta comum pela qual se consideram coletivamente responsáveis.

PROCESSOS DA EQUIPE. Colaboração e informações compartilhadas entre membros da equipe.

HABILIDADE TÉCNICA. Expertise em determinada disciplina ou atividade, como engenharia, programação de software ou finanças.

EQUIPE VIRTUAL. Uma equipe que, na maioria dos casos, é ligada por comunicações que não são diretas: e-mail, *voice mail*, telefone, *groupware* e videoconferência.

GRUPO DE TRABALHO. Um gerente-líder com dois funcionários ou mais. As interações ocorrem entre cada membro do grupo e o gerente-líder; os funcionários não interagem entre si na conclusão de suas tarefas.

Leituras recomendadas

Geral

HARVARD BUSINESS SCHOOL PUBLISHING. *The Art of Managing Effective Teams. Harvard Management Update* Collection. Boston: Harvard Business School Publishing, 1999. Esta coleção abrangente dos editores do boletim *Harvard Management Update* dá todas as ideias, *insights* e soluções de especialistas de que você precisa para ajudar no sucesso de sua equipe.

JASSAWALLA, Ara R., e Hemant C. Sashittal. "Strategies of Effective New Product Team Leaders." *California Management Review*, janeiro de 2000. Este artigo olha especificamente as equipes de novos produtos. A maioria dos líderes destas equipes está ciente da complexidade da tarefa que enfrentam e as mudanças que podem ocorrer antes que as equipes interfuncionais possam acelerar o processo de desenvolvimento de produto. E, no entanto, poucos líderes de equipe agem coerentemente com base neste discernimento e realizam uma mudança significativa. Este artigo revela os segredos para a liderança eficaz em equipes de produtos.

JONES, Steven D., Michael M. Beyerlein e Jack J. Phillips, orgs. *In Action: Developing High-Performance Work Teams*. Vol. 1. Alexandria, VA: American Society for Training & Development, 1999. Neste livro, 14 estudos de caso apresentam uma variedade de abordagens à implementação de equipes no local de trabalho — inclusive as configurações singulares que acompanham as equipes virtuais. Inclui diretrizes para passar de supervisor a gerente de equipe.

KATZENBACH, Jon R. e Douglas K. Smith. "The Discipline of Teams." *Harvard Business Review OnPoint Enhanced Edition*. Boston: Harvard Business School Publishing, 2000. A essência de uma equipe é o compromisso compartilhado. Sem ele, os grupos agem como indivíduos; com ele, eles se tornam uma unidade de desempenho coletivo. A distinção fundamental entre equipes e outras formas de grupos de trabalho se revela no desempenho. Um grupo de trabalho depende das contribuições individuais de seus membros para o desempenho do grupo. Mas uma equipe se esforça por algo maior do que seus membros podem realizar individualmente. As melhores equipes investem uma quantidade imensa de tempo dando forma a um propósito e traduzem-no em metas específicas de desempenho. Os membros da equipe também põem mãos à obra e se tornam responsáveis com e por seus colegas. Os autores identificam três tipos básicos de equipes: equipes que recomendam coisas, equipes que fazem coisas e equipes que administram as coisas. A chave é saber onde as equipes reais devem ser estimuladas na organização. O potencial da equipe existe onde quer que a hierarquia ou as fronteiras organizacionais inibam o bom desempenho.

Os mesmos autores desenvolvem suas ideias mais plenamente em *The Wisdom of Teams: Creating the High-Performance Organization*. Boston: Harvard Business School Press, 1993.

PARCELLS, Bill. "The Tough Work of Turning around a Team." *Harvard Business Review*, novembro-dezembro de 2000. Como você reverte a sorte de uma equipe com problemas? Bill Parcells — um dos mais bem-sucedidos treinadores da NFL, a liga de futebol americano — propõe três regras aos gerentes: (1) deixe claro desde o primeiro dia que é você que está no comando, (2) encare o confronto como algo saudável e (3) identifique pequenas metas e as atinja. Como sustenta Parcells, se você conseguir que as pessoas em sua equipe compartilhem as mesmas metas e a mesma paixão — e depois as pressionar a realizar seu potencial mais elevado —, a equipe tende a chegar ao topo.

WELLINS, Richard S., Dick Schaaf e Kathy Harper Shomo. *Succeeding with Teams: 101 tips that Really Work*. Minneapolis: Lakewood Books, 1994. Este livro objetiva todos os envolvidos na evolução de equipes, sempre que possam estar no processo. Propõe uma variedade de dicas para chegar ao sucesso com as equipes. Os tópicos vão de avaliar a disposição de sua equipe para esclarecer papéis e responsabilidades a fixar metas e apoiar a equipe. As informações são apresentadas de uma forma clara e concisa, tornando este texto uma boa opção para os que procuram referência rápida e informação de fácil digestão.

Equipes virtuais

HARVARD BUSINESS SCHOOL PUBLISHING. "Communicating with Virtual Project Teams". *Harvard Management Communication Letter*, dezembro de 2000. Como você reúne uma equipe de projeto quando seus membros estão espalhados por vários continentes e fusos horários? Entra uma nova estirpe de produtos de internet chamados "espaços de trabalho virtuais". Estes produtos oferecem um site protegido por senha, com serviços que vão de e-mail e armazenamento de informações a salas de bate papo e preparação de cronogramas. Este artigo descreve alguns dos prós e contras desses serviços e relaciona sites na web para ajudar você a saber mais sobre eles.

HARVARD BUSINESS SCHOOL PUBLISHING. "Creating Successful Virtual Organizations." *Harvard Management Communication Letter*, dezembro de 2000. De muitas maneiras, o mundo corporativo é inteiramente diferente do que era há apenas uma década. Você trabalha com pessoas que nunca vê — e pode jamais conhecê-las. Seus colegas vêm e vão em horários distintos e se vestem de maneiras diferentes, e é possível que nem sejam funcionários da mesma empresa. Essas novidades geram uma complexidade: a boa comunicação é mais difícil — e mais necessária — do que nunca. Este artigo se volta para especialistas em busca de algumas regras fundamentais sobre a comunicação na era virtual.

KISER, Kim. "Working on World Time." *Training*, março de 1999. Kiser examina questões como de que maneira construir confiança e aprender a usar a tecnologia no contexto da equipe virtual.

LIPNACK, Jessica e Jeffrey Stamps. *Virtual Teams: Reaching Across Space, Time, and Organizations with Technology*. Nova York: John Wiley & Sons, Inc., 1097. Neste guia claro e abrangente, Lipnack e Stamps apresentam ao leitor todos os elementos diferentes da criação e da manutenção de uma equipe virtual. Incluem os princípios básicos de pessoal, propósito e ligações; considerações tecnológicas; e estratégias de comunicações. Os autores descrevem os desafios especiais das equipes virtuais e propõem sugestões sobre como enfrentá-los.

MALONE, Thomas W. e Robert J. Laubacher. "The Dawn of the E-Lance Economy." *Harvard Business Review*, setembro-outubro de 1998. Na era das equipes virtuais, você e sua equipe podem se ver trabalhando com "*e-lancers*" de vez em quando — terceiros independentes que estão conectados por computadores pessoais e redes eletrônicas e que se unem em redes fluidas e temporárias para produzir e vender seus bens e serviços aos clientes. Este artigo explora como o *e-lancing* promete subverter as regras antigas dos negócios e até tornar obsoletas grandes empresas tradicionais. De muitas maneiras, a economia do *e-lance* já está entre nós — como fica evidente pela ascensão da terceirização e do "teletrabalho", na importância crescente de equipes de projeto *ad hoc* e na evolução da Internet. Muitos blocos fundamentais necessários para esta nova economia já estão em seu lugar — inclusive redes eficientes, padrões de troca de dados, *groupware* e moeda eletrônica. Os autores examinam as oportunidades e os desafios que podem surgir numa economia dessas e descrevem as mudanças fundamentais que podem remodelar os papéis de líderes de equipes.

MARUCA, Regina Fazio. "How Do You Manage an Off-Site Team?" *Harvard Business Review OnPoint Enhanced Edition*. Boston: Harvard Business School Publishing, 2000. Neste estudo de caso fictício, a editora da *HBR* Regina F. Maruca explora os desafios de gerenciar funcionários no local de trabalho alternativo. Allison Scher está ameaçada de demissão. Penny Ryan quer administrar a equipe. O gerente dessas duas funcionárias, Craig Bedell, sente-se confuso com o conflito das duas. E dentro da confusão está Maggie Pinto, chefe de RH, perguntando-se se deve cancelar o *rollout* da empresa do programa de "teletrabalho". Como esta situação chegou ao ponto de ebulição com tanta rapidez? Quatro comentaristas dão seus conselhos sobre como a empresa pode corrigir o problema em curto prazo e construir as fundações para um futuro de sucesso.

Sobre o consultor

JEFFREY POLZER é professor associado de comportamento organizacional na Harvard Business School (HBS). Sua pesquisa investiga os vários fatores que melhoram o desempenho da equipe. Ele também estuda como afiliações a grupos afetam as decisões, as percepções e as interações sociais das pessoas, em especial em equipes de trabalho diversificadas. O professor Polzer publicou seu trabalho em vários periódicos de alto gerenciamento e foi reconhecido pela Academy of Management por escrever o melhor artigo sobre comportamento organizacional em 2002.

O professor Polzer leciona nos cursos de MBA em Liderança de Equipes e de doutorado em Comportamento Humano na HBS, onde antes ministrava o curso de MBA em Liderança e Comportamento Organizacional. Antes de chegar a Harvard, ensinou na Universidade do Texas, em Austin, e na Northwestern University, onde conquistou seu título de doutorado na Kellogg Graduate School of Management. Realizou uma variedade de sessões de treinamento de executivos nestas instituições.

Sobre o autor

RICHARD LUECKE é autor deste e de vários outros livros da série Harvard Business Essentials. Morador de Salem, Massachusetts, Luecke escreveu e idealizou mais de trinta livros e dezenas de artigos sobre uma ampla gama de temas de administração. Ele tem MBA pela Universidade de St. Thomas.

Índice remissivo

Este livro foi composto na tipologia Minion,
em corpo 11/16, e impresso em papel
off-set 56g/m² no Sistema Cameron da
Divisão Gráfica da Distribuidora Record.